**문제 해결의
지름길을 찾는 5단계**

디자인씽킹 스킬

문제 해결의 지름길을 찾는 5단계

디자인씽킹 스킬

우리 안에 숨어 있는 집단지성을 끌어내는 힘,
흩어져 있는 생각들을 확신의 길로 안내하는
강력한 디자인씽킹 지침서

장수연, 이지윤, 김지연 지음

추천사

디자인이란 감성과 논리의 대화라는 말이 있다. 21세기는 소위 '아름다움'이 지배할 것이라고 하는데, 감성과 문화의 세기라는 말이 이에 적합할 듯하다. 현대의 조직사회는 '디자인'이라는 도구를 통해 목적을 성취하는 보편적 흐름에 합류하고 있다. 피터 드러커는 조직은 하나의 특수한 과제를 수행하기 위해 고도화된 '디자인'이라는 도구를 갖고 있다고 했다. 이 책의 저자들은 "티칭, 러닝을 뛰어넘어 이제는 씽킹"이라 했는데, 결국 디자인의 가장 큰 궁극적인 목적은 나와 우리의 생각을 공동의 목표를 향할 수 있도록 디자인하는 것이며 이 책이 그 방향성을 적절히 제시해 줄 것이라 기대한다.

_ **류성태** (원광대학교 동양학대학원 동양철학 학과장)

얼마 전 참석한 워크숍에서 경험한 '디자인씽킹'의 충격과 전율을 아직도 잊을 수가 없다. 처음에는 낯설기만 했던 방법과 도구들이 어느새 나와 우리에게 스며들어 평등한 소통 방법으로 변화하는 놀라운 경험을 한 것이다. 그때부터 '디자인씽킹'과 관련한 책들도 찾아보며 학습을 이어가고자 했지만 내 갈증을 쉽사리 풀어주는 책을 찾기는 어려웠다. 이 책은 다른 책에 비하면 가벼워 보일 수도 있다. 하지만 저자들이 붙인

타이틀처럼 쉽게 읽히고 쉽게 적용할 수 있는, 핵심 요소들로 가득하다. 나와 비슷한 갈증을 느낀 당신이라면 반드시 이 책을 완독할 것을 추천한다. 필요할 때 내려주는, 나만의 단비를 이 책에서 발견할 수 있을 것이다.

_ 왕강희 (민주평화통일 자문회의 상임위원)

오랜 세월, 여성의 가치개발과 리더십 향상을 위해 노력하며 가장 목말랐던 부분이 바로 '소통' 관련이다. 그동안 부족했던 평등적 소통을 위해 꼭 필요한 것이 이 책의 핵심 주제인 '디자인씽킹'이라고 생각한다. 나와 상대방의 다름을 인정하고 그 어떤 의견도 마음껏 펼칠 때야말로 우리 사회에 진정한 소통이 이루어질 수 있는 첫걸음이라 생각한다. 이 책은 그 '소통'의 첫걸음을 뗄 수 있도록 쉽고도 집중력 있는 재미와 깨달음을 선사하고 있다. 지금 이 책을 펼친 당신께 완독을 추천하는 이유다.

_ 이규래 (글로벌 피스우먼 (GPW) 전북회장)

공자는 '멈추지만 않는다면 얼마나 천천히 가는지는 문제가 되지 않는다.'라는 말을 남겼다.
'디자인씽킹'이라는 것을 처음 접했을 때는 막막하기만 했었는데, 꾸준한 관심을 가지고 하나씩 노력해 간다면 저 공자의 말처럼 변화의 바람이 우리 향교에도 불 것으로 기대한다. 그 변화의 시작은 이 책을 가까이 두고 나와 우리 주변인들과 함께 노력하는 것이다. 그 변화의 바람이 지금 이 책을 읽고 있는 당신에게도 불어오길 응원한다.

_ 이종길 (흥덕향교 전교)

프롤로그

내 생각만으로는 정답을 찾을 수 없다

이 원고를 작성하면서 가장 많은 고민을 했던 부분은 독자층을 타깃팅 하는 부분이었다. 과연 개인에게 디자인씽킹이 필요할까? 혹시 조직에 접목하기에는 너무 쉬운 난이도로 원고가 이루어지는 것은 아닐까? 자칫 애매한 포지션의 원고가 나올까 두려웠다.

하지만 결국 우리 세 저자가 내린 결론은 '개인이나 조직이나 디자인씽킹이 필요하다'는 것이었다. 조직도 개인이 모여 이루어진 것이며, 개인이든 조직이든 당면한 문제를 해결하기 위한 방향이나 문제의 크기만 다를 뿐 찾지 못하는 답에 대한 두려움은 동일한 것이기 때문이다.

이 부분에 있어 디자인씽킹이 매력을 발휘한다. 디자인씽킹의 매력은 정답이 없는 문제를 다룰 수 있는 데 있기 때문이다. 개인이나 조직이나 답을 이미 알고 있다면 문제로 정의하지 않을 것이다. 정답을 모르기 때문에 문제로 정의하고 이를 해결하려 하는 것이다.

 이에 이 세상 모든 개인들에게 아래와 같이 말하고 싶다. 우리 모두는 다음과 같은 모습들을 수도 없이 경험해왔고 계속해서 경험하고 있기 때문이다.

 조직 내에서 토의를 할 때 보면 자신과 다른 의견을 주장하는 사람에 대해 조금도 이해하지 않고 계속 반론을 제기하는 모습을 많이 볼 수 있다. 또는 개인과 개인 사이에서도 상대의 충고가 받아들여져 나은 방향의 해결책을 찾는 대신 결국 내 뜻대로 일을 진행하거나 여기에 더해 결국 감정적으로 충돌하여 서로 화를 내고 갈등이 극에 달해 분열에 이를 때도 많다.

 허나 이 모든 논쟁과 분열들이 어이없어 보이도록 하는 출발점이 존재한다. 그것은 바로 '정답은 하나가 아니다.' 라는 사고다. 이를 3단 논법에 억지스럽게 맞추자면 아래와 같을 문장으로 표현될 것이다.

 정답은 하나가 아니다.
 내 생각만이 정답은 아니다.
 고로 내 생각만으로는 정답을 찾을 수 없다.

따라서 우리는 거대한 인생의 문제나 중대한 기로에서 결정을 해야 하는 개인뿐 아니라 아래와 같은 사소한 어려움에 처해 있는 개인에게도 이 책을 추천한다.

본인의 생각을 표현하는 데 눈치가 보이는 직장인,
자녀와의 대화가 어렵거나 두려운 학부모,
조별 과제가 어려워 스트레스를 받는 대학생,
다양한 의견을 듣고 본인의 인생을 개척하고 싶은 시기의 청춘들, 개인 SNS에 '좋아요'가 부족해 고민인 인플루언서…

개인들이 디자인씽킹을 경험하고 나면 아래와 같이 변화할 것이라 믿는다.

차이를 허용하는 힘이 길러진다.
말하는 능력과 함께 듣는 능력 또한 성장하게 된다.
나의 생각을 자유롭게 표현하는 철학적 사유를 즐기게 된다.
한정된 현재의 자원 속에서 미래의 가능성을 발견하게 된다.

이 모든 걸 자신도 모르게 어느 순간 자연스럽게 실천하고 있을 것이다.

그렇다면 이번엔 개인들이 모여 있는 조직 또는 디자인씽킹을 조금이라도 접목하거나 알고 있는 전문가들에게 아래와 같이 말하고 싶다.

 비영리 조직이든, 영리 조직이든, 이익을 추구하는 전문가든, 공익을 위해 일하는 전문가든 결국 이들도 누군가의 선택을 받아야 한다. 누군가의 선택을 받지 못한다면 결국 아무리 좋은 아이디어든, 공익적인 활동이든 아무 필요도 없게 된다. 즉 어떤 조직이든 전문가든 결국 누군가의 선택을 받기 위해 활동한다는 건 부정할 수 없을 것이다. 그렇기에 디자인씽킹 스킬이 가지고 있는 장점을 소개하려 하는 것이다.

 첫째, 디자인씽킹 스킬에는 공감의 힘이 있다.
 공감은 사람과 사람 사이에서 이루어지는 상호작용이다. 상대와의 커뮤니케이션 중에 언어나 기호, 도식 등을 통해서 무의식적으로 공감을 시도한다. 단순히 함께 밥을 먹거나 길을 걸어가는 중에도 예외는 아니다. 즉 사람이 모여 있는 전 세계 언제 어디서나 공감에 대한 노력은 존재하고 있다. 인간의 삶에 있어 공감 없이 무언가를 선택하거나 동조하는 경우는 드물다. 단지 공감이 있느냐 없느냐가 중요할 뿐이다.

 둘째, 철저하게 사용자(고객) 중심의 스킬이다.
 기업이나 전문가들은 항상 어려움에 직면하고, 그 어려움을 헤

쳐나가며 발전한다. 따라서 어려움이 존재하더라도 기존과는 차별화된 접근 방법이나 관점을 생각하고 이를 바탕으로 새로운 프로세스나 철학에 대해서 꾸준히 고민하며 살아간다. 이러한 고민에 수반되는 것이 이론에 치우친 방법론을 논하는 활동이 아닌, 실무적으로 적용하고 실행하는 데 필요한 도구나 방법을 구성하고 활동할 수 있게 만드는 것이 디자인씽킹 스킬이다. 다시 말해 디자인씽킹 스킬은 사용자(고객)의 목표를 찾고 이해하는 데 도움을 줄 뿐 아니라 그 과정에서 꼭 필요한 노력들을 선택하게 해 준다.

셋째, 디자인씽킹 스킬 안에는 스토리가 존재한다.
디자인씽킹 스킬을 과정별로 수행하고 결과물이 도출되었을 때에는, 그 문제를 해결하는 일련의 여정 속에서 자연스럽게 스토리가 발생한다. 그리고 그 스토리는 지루한 과정에 대한 정보가 아닌 스토리 안에 존재하는 감성적이고 경험적인 내용을 상대에게 전달하는 중요한 역할을 하게 된다. 나아가 이 스토리는 제공자와 사용자 모두가 결과물에 몰입하고 적극 사용하는 데 가장 큰 요소로 작용한다.

디자인씽킹에 대한 본격적인 힘을 말하기도 전에 너무 거창하게 이야기하고 있는 것은 아닐까? 아니다. 사소한 문제를 고민하는 개인이나 그 개인이 모인 조직이나 디자인씽킹을 조금이라도 접한 전문가에게 이 책이 가져다 줄 수 있는 장점에 대해 간단히 이야기하고 있을 뿐이다. 결국 이 모든 개인, 조직, 전문가들에게 디자인씽킹을 잘 활용할 수 있게끔 하고 싶다. 공연히 거대 글로벌기업들이 디자인씽킹에 에너지를 퍼붓고 있는 것이 아니다.

"디자인씽킹은 알고 있는 것으로 그치지 않습니다. 아는 걸 실행하지 않으면 아무 소용도 없습니다. 이 책에 나온 디자인씽킹 스킬을 일상생활에서 시도해 보세요. 지금 당장!"

 차례

004 ___ 추천사
006 ___ 프롤로그   내 생각만으로는 정답을 찾을 수 없다

 1장 왜 디자인씽킹을 알아야 하는가

017 ___ 문제는 계속 진화한다
024 ___ 일반적인 생각도 돈이 되는 이유
031 ___ 피, 돈 그리고 잡담
038 ___ 선구자보다는 촉진자가 필요한 시대

 2장 메타버스 시대, 꼭 필요한 디자인씽킹

047 ___ 사용자 중심의 메타버스 환경
053 ___ 티칭, 러닝을 뛰어넘어 이제는 씽킹
059 ___ 지속가능한 성장만을 위하여
065 ___ 성공적인 미래를 보장하는 코인 '디자인씽킹'

3장 디자인씽킹 프로세스

- 073   1단계 : 공감하기 Empathize
- 079   공감하기에 필요한 도구
- 086   2단계 : 문제 정의 Define
- 093   여러 가지 문제 정의 스킬
- 100   3단계 : 아이디어 Ideate
- 107   아이디어 확산과 수렴 도구
- 114   4단계 : 프로토타입 Prototype
- 120   5단계 : 테스트 Test
- 126   프로토타입 & 테스트 도구

4장 디자인씽킹 사례 모음

- 135   '한 번'의 성공 경험이 중요하다 : ○○군 청소년참여위원회
- 141   모든 의견은 동등하고 귀중하다 : ○○시 어린이 의회
- 148   적절한 개입은 필요하다 : ○○광역시 ○○요양병원
- 155   나이는 진짜 '숫자'에 불과할 뿐 : ○○○ 마을회관
- 162   '밥'을 짓는 것도 시간이 필요한 것처럼 : ○○○ 업체
- 169   남녀노소 모두의 벽이 허물어져 : ○○○ 마을회관
- 176   촉진자의 접근법 : ○○○ 자치단체
- 185   언택트로도 가능합니다 : ○○시 시민참여 온라인 대토론회

디자인씽킹 프로그램 소개

- 197 ____ 프로그램의 종류
- 200 ____ 디자인씽킹 입문 과정
- 202 ____ 디자인씽킹 심화 과정
- 204 ____ 비전 디자인 과정
- 206 ____ 창의적 문제해결 과정
- 208 ____ 디자인씽킹 퍼실리테이터 과정
- 210 ____ 고객 만족 디자인씽킹 과정
- 212 ____ 힐링 디자인씽킹 과정
- 214 ____ 디자인씽킹 리더십 과정

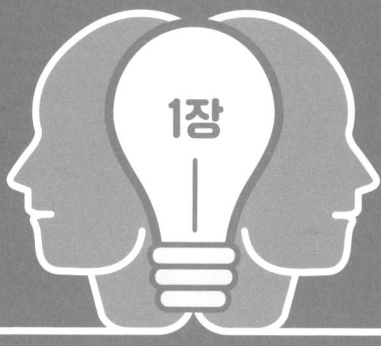

1장

왜
디자인씽킹을
알아야 하는가

문제는 계속 진화한다

2022년 5월 어느 날, 사람들이 환호성을 질렀다. 드디어 3년여에 걸쳐 이어져 온 코로나 팬데믹 상황에서 비록 밖에서만이라도 답답한 마스크를 벗어도 된다는 정부의 지침이 나왔기 때문이다. 나아가 모임에 참가할 수 있는 인원 제한, 영업시간 제한도 사라졌다. 완전한 극복은 아니었지만 아마도 코로나 팬데믹으로부터 해방되었다는 느낌을 받았을 것이다.

그동안 코로나 팬데믹으로 인해 우리는 너무나도 많은 것들을 잃었다. 마스크 없이는 아무데도 갈 수 없었으며, 정해진 수의 사람들과 정해진 시간 안에서만 보내야 하는 상황은 도저히 익숙해질 수가 없었다. 이는 그동안 인간이 자유롭게 모든 걸 통제하며 살아왔다는 자부심과 나아가 지구의 모든 것을 인간이 원하는 대로 이끌어나갈 수 있다는 오만함에 경종을 울린 것이나 다름이 없으니 말이다.

"와, 마스크 안 썼던 과거로 갈 수만 있다면 좋겠다."
"밤새 밖에서 술 마시던 예전이 그립다."
"대학 2년 동안 학교를 제대로 구경도 못 했어."

하지만 희한하게 자유를 다시 찾은 환의의 목소리 뒤에서 반대의 목소리도 들려온다.

"아, 이제는 또 회식의 연속이겠구나."
"그동안 체육활동 안 해서 좋았는데."
"비대면 출근이 더 익숙해져서 회사에 가면 어색할 것 같아."

이는 바로 코로나 상황이 보여주는 이 시대의 양면성이 아닐까 한다. 코로나시대 이전이나 이후나 사람들의 만족과 불만족은 한 끗 차이이며, 나아가 모든 것이 다 만족할 수 있는 상황이 아니라는 공통점만이 존재할 뿐이다. 과연 그렇다면 이런 현상은 계속 반복될까. 그렇다. 바로 '문제는 계속 진화'하기 때문이다.

새롭게 다가오는 문제는 늘 새로운 환경, 새로운 얼굴로 다가온다. 늘 진화해서 변화무쌍하게 다가오는 문제를 해결하는 게

쉽지 않은 건 당연하다.

코로나 팬데믹이라는 문제에 대처하는 인류의 행동 흐름을 보라. 충분히 이해가 갈 것이다. 처음에 수많은 방역 전문가들은 하나같이 "일 년 안에 종식된다.", "국가 간 교류를 통제하면 금방 끝난다." 등의 의견을 쏟아냈다. 하지만 결국 맞는 것은 거의 없었다. 단순히 코로나 바이러스 하나만 보고 백신을 개발해 공급하면 해결될 문제로 인식했지만, 오미크론이나 스텔스 등의 변이 바이러스에는 대처하지 못했다. 결국 변화하는 문제를 제대로 인식하지 못하고 정적인 대응으로 일관했기 때문에 유례없는 사상자가 발생했음에도 자연 소멸에 기대고 있을 뿐이다.

그렇다면 우리는 여기서 왜 이런 현상이 발생했는지 자문해야 한다.

- 무엇이 문제였는지 모르다 보니 의견을 제대로 모으지 못 한 건 아닐까?
- 과거 사례에만 치중하여 판단하지는 않았나?
- 의사 결정자들이 너무 많은 성과나 보상을 대가로 원하지는 않았나?
- 팬데믹에 대처할 만한 자원은 충분했는가?
- 전 세계 또는 각 나라, 부처별 이해관계자의 충돌은 없었나?

즉 다방면의 변혁적 사고방식과 목소리가 존재했어야 함을 의미한다. 안일하게 극소수의 집단과 이해관계자들이 이를 주도하고 해결하려 했으나 실패했다. 결국 이 방안은 인간이 본질적이고 주도적으로 팬데믹을 해결했다고 보기에는 어려운 점이 있다.

이런 의미에서 극소수의 이해관계자들이 모여 단편적인 해결책을 찾기보다는 개인과 팀, 이해관계자들이 서로 어우러져 생각을 공유하고 기회를 함께 찾아가는 프로세스가 필요하다고 볼 수 있다. 결국 세계를 뒤흔들 수 있는 문제들이 언제든 진화하여 다시 우리 앞에 나타날 것이기 때문이다.

물론 디자인씽킹이 모든 걸 해결해 줄 수는 없다. 다만 새로운 목소리들이 참여함으로써 문제를 해결하는 장을 여는 계기라고 할 수 있다. 이는 '모두가 변화의 참여자가 될 수 있다.' 라는 새로운 길을 열어줌으로써 그간 막혀 있던 길에 다양한 가능성을 보여주기에 충분한 연료로 쓰일 것이다.

디자인씽킹은 아래와 같은 특징들을 가지고 있다.

첫째, 전문가만이 아니라 비전문가도 참여할 수 있다.
둘째, 같은 목적을 추구하는 구성원뿐 아니라 다른 목적을 가진 구성원들도 팀을 구성할 수 있다.

셋째, 상하좌우의 관계보다는 상황에 따른 전략적 파트너가 더 용이하다.

넷째, 정답을 찾기보다는 테스트할 수 있는 무언가가 필요하다.

다섯째, 의견에 따른 논쟁보다는 성장을 추구하는 메시지가 중요하다.

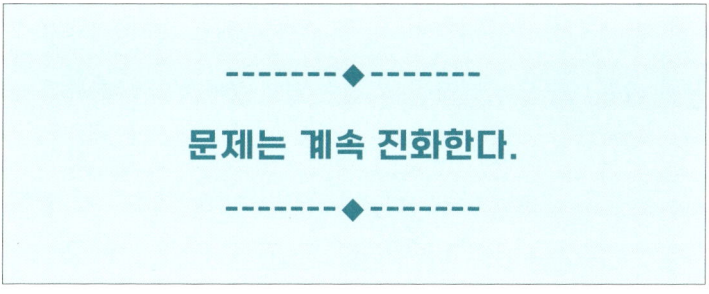

문제는 계속 진화한다.

사람이 해야 할 일은 결국 사람이 하는 것이다. 아무리 AI 기술이 발달하더라도, 메타버스 시대로 접어들어 가상공간에서 모든 걸 해결한다고 하더라도 결국 사람의 손에서 시작된다. 이는 지구에서 벌어지는 모든 것은 누가 어디서 어떻게 출발하느냐에 따른 사람의 문제인 것이다. 결국 모든 가능성을 열어두고 문제를 해결하는 충분한 연료로서 디자인씽킹은 '인간 중심적'이라는 대의명분이 있기에 가능하다고 말할 수 있다.

사람이 서로 어울려 가며 살아가기 위해 만든 법이든, 의식주를 포함한 생활양식을 이롭게 만드는 기계든, 가장 중요한 것은 사람이다.

디자인씽킹이 인간 중심적이라는 것은 수학적 통계나 과학적 접근 방법이 있어야 하는 것이 아니다. 따라서 문제를 해결하기 전에 언제나 명심해야 할 특성은 사람이 어디에 있고, 어디에 존재하며, 여러 공동체의 잠재력을 어떻게 참여시킬 것인가 하는 부분이다.

단지 가치를 향상하는 일이, 혁신의 단계를 밟아가는 것이, 조직 내 돌파구를 마련하는 기술이, 결과론에만 치우쳐 사실 여부만 판단하게 되면 사람이 사람으로서 살아가는 데 있어 간과하는 부분이 생기기 마련이다.

좋은 디자인씽킹은 많은 사람 및 공동체와 소통하고 협업하면서 모든 이해관계자의 내/외부 갈등을 원만히 해결하여 시행착오를 최소화할 수 있는 것을 말한다. 따라서 이런 시행착오를 정면으로 바라보며 성과와 관계없이 효과적/효율적으로 목표를 달성하는 데 있어 따라붙는 문제해결 과정에서의 능력을 향상할 수 있어야 한다.

코로나 팬데믹에서도 볼 수 있었던 것처럼 원인과 결과를 예측하는 시스템은 이제 모두 초기화해야 한다. 그동안 이런저런 당연한 결과라고 여겨졌던, 나아가 영원한 진리라고 생각했던 모든 것들이 눈앞에서 무너지는 모습을 보지 않았던가. 이제는 그런 해결책, 진리라고 여겼던 결과물들을 다시 테스트 무대 위에 올려놔야 한다. 다시 말해 스스로 자만해왔음을 인정하고 그동안 인간이 이루어왔던, 찬란한 광휘로 빛나던 정답들을 다시 문제로 전환해야 한다. 그리고 이런 문제를 해결하기 위한 수많은 테스트와 개선의 과정을 반복하고 학습하여야 한다.

아인슈타인이 남긴 말을 보면 그 출발점이 보일 것이다.

"중대한 문제를 풀려면 문제가 만들어진 배경 이상의 사고 수준이 필요하다."

일반적인 생각도 돈이 되는 이유

"어디 새로운 아이디어는 없나?"

사회생활을 하거나 하다못해 초등학교 동아리 활동만 해보더라도 흔히 듣고 하는 말이다. 일을 진행하는 과정에서 팀원들이 모여 의견을 모을 때면 늘 나오는 멘트다.

처음 모였을 때는 서로의 의견을 모으면 금방이라도 좋은 대안이 나올 것으로 생각하지만 시간이 흐를수록 침묵은 길어진다. 그야말로 '빅 아이디어'를 얻고자 하는 노력은 알겠지만 목표를 달성하기 위한 실질적인 아이디어는 어디서도 찾아볼 수 없다. 방대한 자료와 수많은 논쟁이 오가지만 그 어떤 유의미한 결과 같은 건 결코 손에 잡히지 않고 저 멀리 달아날 뿐이다. 호기롭게 모인 팀원들이지만 점점 의기소침해지며 결국은 서로에게 아이디어를 내보라며 채근하고, 고통의 시간이 계속 이어질 뿐이다.

한 경찰관의 사례를 들여다보자.

일선 경찰서에 상부로부터 지시가 내려왔다. 노년층의 교통사고가 줄지 않는 상황이니 모든 경찰서에서는 노년층의 사고율을 낮출 수 있는 활동을 진행하라는 것이다.

그 즉시 한 경찰서에서는 다른 경찰서와 다름없이 모든 근무자를 모아놓고 회의를 시작했다.

"어르신들의 사고율을 낮출 수 있는 아이디어를 모아봐."
"가장 최근에 한 활동은 뭐가 있더라?"
"전체 사고율 중에 노년층 사고 비율이 얼마야?"
"우선 우리 관내 어르신들의 동선을 먼저 파악해 보는 게 어떨까요?"

열띤 1차 회의를 한 후 경찰서에서는 회의를 통해 나온 아이디어를 모아서 즉각 실행에 옮기기 시작했다. 아침이면 차량 통행이 잦은 사거리에 나가서 어깨띠를 두르고 차량과 보행자들을 안내했고, 점심에는 어르신들이 모이는 경로당이나 공원 등을 찾아 전단지를 돌리기도 했다. 그 전단지에는 노년층의 사고율과 경각심을 불러일으킬 만한 사고 관련 사진들로 가득 차 있었다.

저녁에는 다 같이 모여 하루 동안 실행했던 결과들을 보고하고 피드백을 하며 다음 날의 업무 리스트도 작성했다. 모든 게 완벽하다며 서로를 응원하고 업무에 매진했다.

그렇게 한 달이라는 시간이 지났을 무렵 상급부서에서 다시 공문이 날아왔다. 지난달 업무지시를 내렸던 '노년층 사고율 줄이기 활동'에도 불구하고 교통사고 수치가 전혀 좋아지지 않았다는 공문이다. 일선 경찰서에서는 허탈하기 그지없다. 그렇게 많은 시간과 공을 들여가며 한 달 동안이나 교통사고를 줄이기 위한 활동을 했는데 왜 도대체 개선의 여지는 보이지 않을까.
결국 서장은 머리를 쥐어뜯으며 다시 근무자들을 호출했다.

2차 개선회의가 시작되자마자 기다렸다는 듯이 여기저기서 유의미해 보이는(?) 질문과 발언들이 쏟아져 나온다. 하지만 곧 얼마 가지 않아서 더 나은 아이디어가 없는지, 앞에서 나왔던 아이디어와 차별화된 무언가는 없는지 채근하는 상사의 멘트 때문에 회의는 점점 길어지고 무거워진다.
지금 이 회의에 참여한 근무자들이 똑똑하지 않아서가 아니다. 나아가 본인이 속한 조직에 대한 애정이 없어서도 아니다. 그렇다면 이 아이디어 회의가 새로운 방향을 찾는 데 도움이 되지 못하는 이유는 무엇일까?

그것은 바로 '아이디어'는 특별하거나 새로워야 한다는 고정관념을 가지고 있기 때문이다.

보통 아이디어 회의는 새로운 답을 찾거나 획기적인 방법이 나와야 한다는 부담을 먼저 갖고 시작한다.

퍼실리테이션facilitation 촉진자에서 늘 강조하는 "모든 아이디어는 동등하고 귀중하다."라는 모토처럼 아이디어는 그냥 아이디어일 뿐이다. 전문가가 낸 아이디어나 비전문가가 낸 아이디어나 똑같이 하나의 아이디어에 불과하다. 그중에 어떤 아이디어가 더 나은지 도움이 되는지는 실행을 해본 후에나 알 수 있는 것이다. 앞선 회의의 모습이 바로 그 흔한 '탁상공론'의 일반적인 모습이라고 할 수 있다.

다시 경찰서 이야기로 돌아가자. 2차 개선회의 이후 한 경찰관은 문득 이 회의실이 아니라 '사고 현장에서 답을 찾을 수는 없을까?' 하는 생각을 했다. 그래서 사고가 자주 일어나는 여러 현장을 확인해보며 원인을 찾아보았다. 그리고 왜 노년층 교통사고율이 높은지 알아보기 위해 사고 관련 보고서를 하나하나 들춰보기 시작했다.

그는 관련 기록들을 통해 유의미한 데이터를 하나 찾았다. 어르신들의 사고율이 높았던 가장 큰 이유는 운전자의 난폭운전 때문이 아니라 무단횡단이었음을 보여주는 것이었다. 그간 난폭운전 때문에 사고율이 높았다는 일반적인 생각으로 진행되었던, 안전 운전을 위한 계도 활동은 효과가 적을 수밖에 없었던 것이다.

이 경찰관은 다시 어르신들이 모이는 곳을 찾아다니며 질문을 했다. 뻔히 사고위험이 있는데 무단횡단을 하는 이유가 무엇인지를 말이다. 그랬더니 하나같이 돌아오는 대답은 대동소이했다. 횡단보도 빨간불 앞에서 대기하는 시간이 너무 힘들다는 대답이었다. 어르신들 나이가 되면 발목, 무릎, 허리, 어깨 등 관절염 하나씩은 무조건 있어서 신호등을 기다리고 있는 게 너무 고통스럽다 보니 무단횡단을 하게 되는 것이라는 이야기를 들려준 것이다.

결국 그간 근무자들이 했던 활동은 무의미하게 보였다.

이 경찰관은 경찰서로 돌아가서 노년층의 사고율을 낮추기 위해 횡단보도 앞에 실버의자를 설치하자고 건의했다. 횡단보도 신호등 기둥에 접이식 간이 의자를 설치하여 기다리는 동안 휴식을 취할 수 있도록 말이다. 그리고 실제로 이 의자가 설치된 후로는 그 동네의 사고율이 낮아졌다고 한다. 이름도 '효도 의자'라 명명한 걸로 나는 기억한다.

위의 내용은 신문에서 봤던 사례를 각색해 본 것이다. 물론

스토리의 극적 장치가 있기는 하나 새로운 방향을 제시하는 디자인씽킹의 사례로 소개하기에 무리가 없어 보인다.

그 경찰관은 이해관계자들과 거리를 두고 직접 현장에서 경험을 답을 찾는 것으로 시작했다. 나아가 기존의 데이터를 다시 들여다보고 상대들의 행동을 이해하기 이르렀다. 이런 상호작용들이 모여 새로운 결과를 연출해 내고 결국 업무의 긍정적 방향을 끌어내지 않았나 싶다.

대부분 사람은 아이디어를 낼 때 그 아이디어의 혜택을 받을 수혜자 입장에서 생각을 하는 경우가 많지 않다. 단지 아이디어를 내는 개인 또는 조직의 입장에서 생각하는 경우가 다반사다. 나아가 아이디어를 건의할 때 좋은지, 나쁜지를 먼저 생각하고 말하는 경우가 많다.

아이디어는 좋고 나쁨이 없다. 단지 적고 많음이 있을 뿐이다. 많은 아이디어가 있어야 새로운 아이디어가 나오고 '빅 아이디어'가 나오는 것이다. 오히려 기발하다고 생각한 아이디어 하나보다는 일반적이라고 생각한 백 가지 아이디어가 훨씬 도움이 되는 것이다.

위 경찰관 사례를 바탕으로 좋은 아이디어 활동을 위해서는 아래 네 가지의 장벽을 뛰어넘고 새로운 방향으로 나아가야 한다.

- 새로운 아이디어에 대한 성공 불확실성
- 과거 사례에 따른 정량적 데이터에 대한 높은 의존도
- 업무 프로세스에 대한 이해관계자들의 기존 패턴 고수
- 아이디어의 질이 높아야 한다는 고정관념

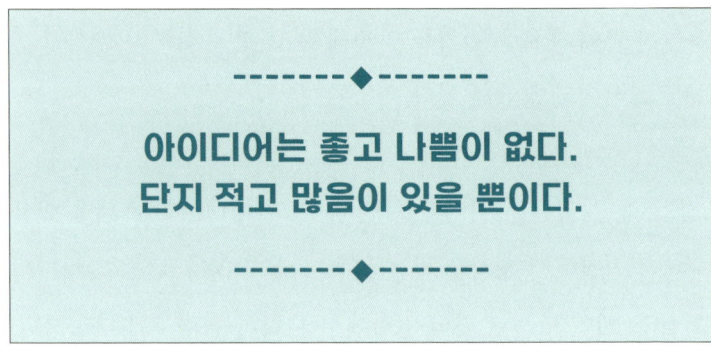

피, 돈 그리고 잡담

　우리가 초등학교에 들어가서 일찍이 배우는 한 문장 중에 "인간은 사회적 동물이다."라는 내용이 있다. 인간은 절대 혼자 살 수 없으며 공동체를 형성하고 함께 살아가야 한다는 걸 강조하는 내용이다. 그래서 학교에서도 친구들과 사이좋게 지내야 하며, 그래야만 훗날 어른이 되어서도 훌륭한 사람이 될 수 있다고 교육한다.

　하지만 지금 어른이 된 우리가 보면 사회적 동물이 된다는 말의 실천이 얼마나 힘든지 알 수 있다. 물론 그럼에도 우리는 사회적 동물로 살아남기 위해 고군분투하고 있다.

　그렇다면 인간이 얼마나 사회적 동물로 서로 연결되어 있는지 재미있는 실험을 한번 따라가 보자.

　사람들 간의 연결관계를 거론할 때 가장 널리 인용되는 법칙이 '6단계 분리'(six degrees of separation)론이다. 여섯 단계만 거치면 한 나라 또는 한 집단 내의 어떤 사람과도 연결이 될 수 있다는 얘기다. 애초 이 가설을 제시한 사람은 1929년 헝가리 작가 프리제시 카린시Frigyes Karinthy였으나, 실제 이를 증명한 사람은 미국 예일대 사회학 교수 스탠리 밀그램Stanley Milgram이다. 밀그램은 1967년 네브래스카주 오마하 주민 160명에게 무작위로 편지를 보내 보스턴의 한 증권 중개인에게 전달해줄 것을 부탁하는 실험을 통해 이 가설의 유효성을 증명했다. 당시 실험에서는 평균 5.5명을 거쳐 편지가 도달했다.

이렇게 서로 연결되어 있다는 것이 인간이 사회적 동물임을 뜻하는 것이며 인류가 고도의 성장을 이루는 데 큰 역할을 했다는 방증이기도 하다. 그럼 과연 인류는 어떻게 연결되고 어떻게 성장했을까.

프랑스의 구조주의 철학자이자 인류학자인 클로드 레비 스트라우스Claude Levi Strauss는 이를 '3대 교환'으로 설명한다.

피의 교환 : 인간의 종족 번식을 의미한다.
돈의 교환 : 부를 이루고, 의식주를 누리는 것을 의미한다.
언어의 교환 : 서로의 관계를 위해 주고받는 행위의 모든 것을 의미한다.

클로드 레비 스트로스는 '인류에 관한 모든 연구'에서 우리가 겪고 있는 일들을 상징 기호적인 커뮤니케이션의 체계, 즉 '구조'로 설명했다. 즉 인간과 사회에 대한 그의 철학은 '교환'에 기초한다. 사회적 동물인 인간을 지금에 이르기까지 성장할 수 있도록 했던 기본은 '교환'이란 것이다.

원시시대부터 인간이 사회를 구성한 기본원리는 '피의 교환'에 의한 종족 번식과 혈연 조직의 결속력을 다지는 것이다. 그리고 '돈의 교환'으로 경제적 시장을 장악한다. 마지막으로 이 모든 것을 위한 '언어의 교환'이 세 번째이다.

이와 같은 3대 '교환'에는 각기 규칙이 있는데 이것이 인간사회의 심층 구조를 형성하고 있다고 주장한다.

그렇다면 지금 고도성장을 이룬 인류에게 필요한 것은 무엇일까? 아니 인류가 필요한 것을 떠나 지금 내게 가장 필요한 것은 무엇인지 고민해봐야 한다. 내가 내 친족을 바꾸고 싶다고 바꿀 수 있을까? 갑자기 돈을 많이 벌고 싶다고 벌어질까?

이미 형성되어 있는 친족관계에 외부인인 나는 들어갈 수도 없을 뿐 아니라 들어간다고 하더라도 결국 혈맹이 아닌 나는 언제든 배척될 수 있다는 것을 역사에서 충분히 배웠다. 그리고 이미 친족에 의해 출발선이 다른 경제 배경을 가지고 태어난 소위 '금수저'들과 출발점이 같을 수 없다는 것도 알고 있다.

그렇다면 내가 여기서 조금 더 나아갈 수 있는 하나는 바로 언어의 교환이 아닐까 한다. 최근 성공한 사람으로 자타가 공인하는 인물들을 살펴보면 언어의 교환에 능한 것을 볼 수 있다. 말 한마디에 천 냥 빚을 갚는 것처럼 말이다.

예전엔 방송을 통해 많은 부를 누리던 연예인들은 연기, 노래, 개그 등을 통해 인기를 얻었다. 하지만 지금은 '예능'이라는 장르를 통해서 입담이 좋고 상대에게 공감을 주는 연예인들이 인기가 많은 것을 볼 수 있다. SNS에서 한 줄의 글로 인기를 얻는가 하면, 유튜브에 나와 본인의 솔직한 언어로 대중에게 다가가 많은 구독자를 통해 명예를 얻는 사람도 나오기 시작했다. 이는 결국 피, 돈이라는 배경을 넘어 스스로 성장하는 개인이 되기 위해서 나에게 필요한 것은 언어를 교환할 수 있는 능력이라고 할 수 있다.

언어라는 것은 단지 텍스트에서 그치는 것이 아니라 소리가 가지고 있는 여러 화학적 특징을 함께 가지고 있다. 이 특징으로 인하여 각각의 언어집단 내에서는 '약속'을 근간으로 생활하게 되는 것이다.

하지만 언어는 항상 그 자리에 있지 않고 쉼 없이 돌아다닌다. 어제의 부정적 언어가 오늘의 긍정적 언어로 바뀔 수도 있고, 내가 말한 것이 의미가 변화해서 나를 함정에 몰아넣는 경우도 종종 생긴다. 그렇기에 언어가 주는 의미는 계속 변하며 이를 인간은 몸소 학습하며 성장해 나간다.

　하지만 언어의 교환, 즉 커뮤니케이션에 능하기란 쉽지 않다. 아무 목적 없이 만난 사람이든 영업을 위해 만난 사람이든 그 얼음장 같은 초반 분위기는 감당하기 힘들다. 구체적으로 무슨 이야기를 해야 할지도 모르겠는데, 상대가 처음 보는 이성이거나 손윗사람이면 더더욱 입을 열기가 힘들다. 어렵게 한마디를 이어가며 자연스럽게 본론으로 들어가려고 마음을 먹을수록 말은 꼬이고 식은땀이 나기 마련이다.

　그렇다면 능수능란하게까지는 아니더라도 기본적인 언어 교환을 할 수 있는 방법은 없을까?

　가장 먼저 언어의 교환이라는 커뮤니케이션을 이해해야 한다. 커뮤니케이션이라는 것은 인간이 서로의 상황이나 가치관, 의도를 제대로 이해하기 위해 행해지는 것이다. 즉 '상대를 아는 것'과 '나를 알리는 것', 이 두 가지를 함께 병행해야 한다. 누군가가 "좋은 영화를 추천해 줘요."라고 말을 했다면 상대가 지금 어떤 상태이고 왜 이것을 나에게 말했는지에 대해서 충분히 상대를 이해하는 것이 첫 번째다. 그 뒤로는 내가 추천하는 영화에 관해 설명하며 나를 알려야 한다. 이 두 가지가 형성되지 않으면 대화의 실마리를 못 찾거나 오해가 생기기 마련이다.

> **사람이 많이 모이게 된다는 것은
> 또 다른 기회가 생긴다는 것!**

우선 시작은 잡담처럼 했으면 한다. 우리가 보통 커뮤니케이션을 할 때는 바로 본론으로 들어가지 않는다. 상대와 무슨 말을 해야 할지 몰라서 쩔쩔매는 사람 대부분은 바로 본론으로 들어가려는 습관이 있다. 당황하지 않고 대화를 잘 이어가기 위해서는 가벼운 질문이나 대답으로 시작하는 것이 가장 현명하다. 잡담은 여러 다양한 화제를 편안하게 주고받을 수 있게끔 하는 힘을 가지고 있다. 불규칙한 대화를 통해서 더 많은 정보도 얻을 수 있으며 얼어붙은 분위기를 편하게 가져갈 수도 있다.

잡담 능력과 언어의 교환 기술은 크게 다르지 않다.
1. 불특정한 얘기는 실마리를 찾을 수 있게 해 준다.
2. 실마리를 통해 상대의 모든 것을 관찰할 수 있다.
3. 그로 인해 상대와 나의 공통점을 찾을 수 있게 된다.
4. 서로의 공통점이 결국 해결책을 찾게 해 준다.

5. 해결책을 찾는 능력이 쌓여갈수록 주위에 사람이 많이 모이게 된다.
6. 사람이 많이 모이게 된다는 것은 또 다른 기회가 생긴다는 것을 의미한다.

잡담도 돈이 될 수 있는 시대에 태어난 걸 감사하게 생각하자.

선구자보다는 촉진자가 필요한 시대

　일제강점기 시대, 큰 키에 훤칠한 외모를 자랑하는 고등학생이 있었다. 이 학생은 남의 시선을 신경쓰지 않고 항상 위풍당당하게 행동하는 반장이었는데, 문제는 담임인 일본인 선생이 매일같이 불러서 학급에서 누가 잘못하고 있는지 고자질하라고 채근을 했다는 것이다.

　담임선생의 압박에도 전혀 굴하지 않고 입을 꾹 닫고 한마디도 하지 않았던 이 학생은 매일 매타작으로 하루를 마감해야만 했다. 결국 학교생활에 흥미도 잃고 제국주의 교육에 염증을 느낀 그 학생은 과감히 자퇴서를 던지고 홀연히 학교를 떠나고 만다.

　그리고 자신이 가야 할 길에 대해 고민을 거듭하던 이 학생은 '정신의 자유'를 찾기 위해 일본으로 건너가 미술을 배우기로 마음을 굳힌다. 이미 한 차례 홍역을 겪었던 만큼 제국주의 방식으로 교육하는 미술학교가 아닌 자유주의 경향으로 생겨난 문화학원에 들어가 예술가의 길을 걷기 시작했다.

이 학생은 바로 수십 년 동안 깊고 넓은 발자취를 남기고 떠난 한국 추상미술의 선구자 '유영국' 선생이다. 많이 알려지지는 않았지만, 자료를 조금만 찾아보면 유영국 선생의 삶과 예술이 얼마나 선구자적 삶이었는지 알 수 있다.

이렇게 일제강점기나 르네상스처럼 사회가 격변하고 요동치는 시대에는 많은 선구자들이 나오기 마련이다. 예술가, 운동가, 사상가, 교육자 등 분야를 가릴 것 없이 말이다. 그 시대를 앞선 사람들이 혜안을 내놓고 서로 갑론을박 치열하게 생존을 위해 힘쓰면, 대중은 자기 자신을 위해 어떤 것이 옳은 방향인지 고민하고 선택하고를 반복하는데, 이는 생존을 위해서다.

우리나라는 일제강점기, 광복, 전쟁, 유신시대와 군부독재, 민주화운동 등 짧은 시간 동안 수많은 변화를 겪었던 특이한 나라 중 하나다. 어느 나라에서도 이렇게 짧은 시간 동안 이렇게 많은 변화를 거친 곳은 별로 없다. 그러다 보니 늘 선구자들이 등장해 활동을 하곤 했다. 그렇다면 선구자는 누구일까?

"선구자 : 어떤 일이나 사상에 있어 그 시대의 사람보다 앞선 사람."

하지만 지금 시대는 어떤가? 많은 변화가 있는가? 기술의 발전으로 인하여 너무나도 많이 변하고 있다고 말하지만 그것은 '양'의 변화이지 '질'의 변화라고 보기는 힘들다. 다시 말해 지금의 시대는 학생들이 또는 직장인들이 목숨과 맞바꿀 만큼의 생존을 위해 고민하는 시대는 아니다. 이는 지금까지 줄기차게 학습된 선구자, 개척자, 즉 누구보다 앞선 사람이 되어야 한다는 강박에서 벗어나야 하는 시대가 왔다는 걸 의미한다. 그렇다고 선구자가 필요 없다는 말은 아니다. 다만 대다수가 선구자일 필요는 없다는 의미다.

2002년 세상을 떠난 유영국 선생은 생전에 이런 말을 했다.

"예술가는 논리적 사고를 지녀야 한다. 시대의 조류는 늘 바뀌기 때문에 예술가는 10년 또는 20년 후 자기가 한창 활동할 시기에 세상이 어떻게 바뀔지를 미리 냉정하게 예측하여 공부해야 한다."

비단 예술가에게만 해당하는 말일까. 우리가 살아가야 할 평생 동안 탄탄하게 지지하고 믿고 가야 할 나의 위치는 어디인가를 알아야 한다. 굳이 남들이 종용하는 선구자로서의 역할이 내가 있어야 할 위치인가? 학교든 회사든 그 어디에서든 나에게 어울리지 않는 위치를 지키기 위해 갖은 스트레스와 피로감을 평생 안고 가야 하는가 말이다. 초등학교 시절 너나없이 부모님에게 등 떠밀려 웅변학원에 다녔던 것처럼 말이다. 하지만 이제는 그 어디서도 웅변학원에 다니는 아이를 쉽게 찾아볼 수 없다.

더불어 우리에게 너무 많은 정보와 경험들이 넘쳐나다 보니 오히려 선구자로 잘못 나섰다가 돌을 맞는 경우가 허다하다. 모두가 그렇지는 않지만, 연예인이 새로운 예술 작품을 선보였다가 대중에게 외면 받는 것처럼. 그래서 필자는 과감히 말하고 싶다. 우리 시대에 선구자보다 많아야 할 사람은 바로 '촉진자'라고. 그렇다면 촉진자는 누구를 말하는 것일까?

"촉진자 : 특정 활동을 수행하는 데 있어서 활동이 원활하게 이루어질 수 있도록 안내하는 역할을 수행하는 사람."

모든 개인과 기업들은 스스로 진화를 위해서 어떤 목표가 필요한지 설정하고 이를 달성하기 위해 많은 노력을 한다. 즉 선구자 방식으로 노력하기 마련이다. 직접 많은 역량을 쌓기 위해서 개인은 정보를 취합하고 이를 위해 시간을 투자하여 스펙을 만든다. 회사는 대규모 인프라와 전문가 그룹 등에 투자하여 변화를 위한 비즈니스 모델을 개발한다.

하지만 시간이 지나 모두 긍정적 결과로 이어지면 좋겠지만 그렇지 못한 경우도 존재한다.

이런 차이가 발생하는 이유는 개인이 얻은 정보는 다른 사람도 가지고 있을 확률이 높기 때문이다. 마찬가지로 기업이 가지고 있는 인프라는 다른 기업도 가지고 있을 수 있다. 즉 애초에 핵심은 정보, 스펙, 인프라, 전문가 등이 아닐지 모른다. 이 모든 것을 아우를 수 있는 무언가가 필요했던 것은 아닐까? 그것이 바로 촉진자 방식이다.

> **촉진자가 필요한 시대가 도래하였다.**

선구자 방식과 촉진자 방식의 가장 큰 차이는 답을 내는 방식에 있다. 선구자는 거의 모든 질문에 대해 옳고 그름에 맞춰서 연구하고 그 결과를 내어 판단하려 한다. 하지만 이는 결국 옳고 그름에 대한 관점에서 맞춰진 방식일 뿐 성장과 경험에 대한 관점은 배제되어 있다. 촉진자 방식은 그 과정에 있어서 성장과 경험을 중요시 한다는 게 큰 장점이자 촉진자가 존재해야 하는 가장 큰 이유다.

우리 모두가 아는 것처럼 목표는 기대하는 대로 달성하지 못하는 경우가 많다. 나아가 그 과정도 우리가 기대하는 대로 일어나지 않는다.

하지만 이것이 바로 목표를 이루고자 하는 과정의 묘미이며 촉진자 방식이 필요한 타이밍이다. 촉진자 방식은 예상치 못한 일이 일어난다면 다시 중심을 잡도록 휴식하는 등 과정을 중히 여긴다. 또한 아예 가설을 뒤집어 생각하거나 비전문가들에게 자문하기도 한다. 이처럼 촉진자 방식은 논리적 사실 위에 정서적 안정을 함께 추구하기도 한다. 이런 촉진자 방식은 아래와 같은 몇 가지 장점들이 있다.

첫째, 사람들을 끌어 모을 수 있다.
예전처럼 전문가는 전문가들끼리, 비전문가는 비전문가들끼리가 아니라 서로 다른 관점과 다른 의견을 통해서 모이는 계기가 된다. 즉 전문가는 비전문가의 색다른 경험을, 비전문가는 전문가의 식견을 서로 주고받으며 시너지가 창출되기에 사람들이 모이게 되는 것이다.

둘째, 이렇게 사람이 모이게 되면 자원을 연결하는 힘이 생기게 된다.
개인이 가지고 있지만 쓸데없다고 생각했던 자원들이 쓸모 있는 무언가로 탈바꿈할 수 있는 계기가 만들어지게 되는 것이다. 나의 쓸모없어 보이는 낙서가 누군가에게 즐거움을 주는 벽화로 다시 태어나는 능력이라든가, 버려진 신발이 그럴듯한 화분으로 변화되는 것들 말이다.

마지막으로 이런 경험을 통하면 상대가 가지고 있는 자원에 관해 관심을 두는 습관이 생기게 된다. 상대가 무심코 한 행동, 지나가며 보았던 무심한 풀들까지 관심을 두게 되며 이는 결국 이 시대가 필요로 하는 공감 능력에 한 발짝 더 다가가게 되는 것이다.

이렇게 공감 능력을 바탕으로 사람을 모으고, 필요한 자원들을 연결하는 역할이야말로 정말 매력적이지 않을까.

앞서가는 선구자도 좋지만, 옆에서 함께 가는 촉진자가 필요한 시대가 도래하였다.

메타버스 시대,
꼭 필요한 디자인씽킹

사용자 중심의 메타버스 환경

　메타버스가 현실이 됐다. 무엇이 문제이고 무엇이 문제가 아닌지 문제해결과 혁신적 사고에 대한 중요성이 더욱 두드러지고 있다. 대기업이나 정부에서도 메타버스 시대의 변화 속에서 사용자 중심의 혁신과 변화에 대해 적극적으로 논의되고 있다. 특히 사용자 중심의 상품이나 서비스 개발을 위해 많은 도구를 활용하고 있다. 이에 전문가와 비전문가가 함께하며 더 나은 사용자 중심의 매개체를 만들기 위해 고군분투하고 있다.

　이에 해외에서는 이미 십 수 년 전부터 디자인씽킹을 진행해 왔다. 우리가 흔히 알고 있는 미국의 스탠퍼드나 프랑스의 유명 경영대학원들이 MBA 과정에 디자인씽킹 과목들을 편성하는 추세다. 이에 우리나라도 따라가는 모양새를 보이고 있다.

　디자인씽킹은 사용자 중심의 사고를 기반으로 정량적, 정성적으로 해결해야 할 문제를 찾고 다양한 아이디어를 종합적으로 융합하는 방법론의 하나다. 디자인씽킹은 이성적 사고와 감성적 사고를 유도하고, 학습자로 하여금 능동적인 사회의 주체로 거듭나는 기회를 제공할 수 있다는 논문 내용도 쉽게 찾아볼 수 있다.

사용자 중심의 대표적인 상품인 스마트폰을 살펴보자.
얼리 어답터들을 중심으로 사용하던 스마트폰이 어느덧 남녀노소 가리지 않고 모두 사용하는 환경이 되었다. 처음에는 ICT 회사에 재직 중인이던 나조차도 부정적 인식에 사로잡혀 과연 모두가 이를 사용하게 될까에 대해 의심했었다. 컴퓨터가 손 안에 들어오다 보니 이를 사용하려는 중장년층의 거부감이 꽤 강했던 걸로 기억난다. 더불어 통신회사들의 배를 채우기 위한 상술이라며 절대 스마트폰을 사지 않을 거라는 소비자도 나타나기 시작했다. 하지만 이제는 전 국민이 거의 사용하는 상황에 이르게 되었다.

이렇게 새로운 상품이나 혁신의 서비스가 시장에 나오면 크게 수용자는 다섯 가지로 나뉜다고 김상균 교수는 『메타버스2』라는 책에서 말하고 있다.

1. **혁신자** innovators : 변화를 좋아하고, 신기술에 열광하는 집단

2. 초기 수용자 early adopters : 신기술을 수용하여 혁신적인 성과를 얻고자 하는 집단
3. 전기 다수 early majority : 주위의 변화를 따라가며 안정적 생산성을 얻는 집단
4. 후기 다수 late majority : 혁신 제품으로 인한 위험을 극도로 회피하는 집단
5. 지각 수용자 laggards : 더 이상 버티기 어려운 상황에야 신제품을 수용하는 집단

그러나 이것은 능히 새로운 상품이나 서비스에만 국한되는 것 같지는 않다. 사람이 새로운 사람이나 집단을 마주할 때도 이와 같은 수용의 형태로 나뉜다는 것을 알 수 있다. 누군가는 새로운 사람이나 집단에 서슴없이 다가갈 수도 있고, 또 다른 누군가는 그와 반대로 행동하게 될 수도 있다.

하지만 새로운 상품과 새로운 사람이 다른 점은 새로운 상품은 제공자가 사용자 편의에 맞춰 꾸준한 노력을 하게 된다는 것이다. 자동차 회사들이 오토기어를 개발하고, 자동주차 기능을 개발하여 더 많은 운전자가 차량을 선택하는 데 장애물을 없애는 것처럼 말이다.

하지만 이제는 단순히 오토기어가 생기고, 자동주차 시스템의 개발 수준이 아니라 메타버스라는 거대한 탈 현실화가 시작

되었다. 그리고 이 속도는 코로나로 인하여 더욱 가속페달을 밟는 중이다. 갑자기 가상현실에서 땅을 사고 있고, 직접 대면하지 않고 가상의 공간에서 팀원들과 모여 회의하고, 실제 연예인이 아닌 가상 인물이 광고료를 받고 활동하는 시대가 열리기 시작했다. 하지만 메타버스도 그간 나온 여러 혁신 서비스와 큰 변동 없이 사용자 중심으로 움직이는 것을 볼 수 있다. 그리고 이런 상황을 누군가는 초기에 수용할 것이고, 다른 누군가는 지각 수용자가 될 수도 있다.

따라서 우리가 해야 하는 것은 지각 수용자나 후기 사용자가 더 빠르게 초기에 수용할 수 있는 본질을 탐구해야 한다. 사용자의 본질을 탐구하는 능력 중 하나가 바로 디자인씽킹의 역할이라 할 수 있다. 즉 디자인씽킹 역량 자체도 하나의 상품이라 보면 선택의 문제가 아니라 필수라는 것을 알 수 있다. 단순히 제품을 개발하고 서비스를 혁신하는 문제도 있겠지만 살아가는 모든 이슈에 대해 본질을 탐구할 수 있기 때문이다. 특히 그것이 사용자 중심의 본질을 탐구해야 한다면 더욱더 필수라 할 수 있다.

사용자 중심의 메타버스 환경에서 디자인씽킹이 가지고 있는 장점은 아래와 같다.

첫째, 사용자를 이해하고 공감하는 데 많은 시간을 투자한다. 여기서 사용자는 현재의 사용자가 아닌 미래의 사용자를 의미한다. 미래의 사용자가 현재 무엇을 원하는지, 그리고 그 원하는 것을 위해 무엇을 제거하고 싶어 하는지 등의 이해를 바탕으로 시작한다. 이렇게 인간을 중심으로 공감하고 문제의 맥락에 접근하는 능력을 기를 수 있다. 이는 결국 사용자와 기술을 결합하는 통찰력으로 연결될 것이다.

둘째, 통합적 사고의 기틀을 마련할 수 있다.
토론토 대학의 로저 마틴 교수의 말을 인용하면 다음과 같다. 통합적 사고란 상반되는 두 아이디어를 건설적으로 이용하여 하나를 선택하느라 다른 하나를 버리는 양자택일 방식 대신 두 아이디어의 요소를 모두 포함하면서도 각 아이디어보다 뛰어난 새로운 아이디어를 만들어 창의적으로 긴장을 해소하는 능력이다. 즉 기존에는 더 나은 결과를 위해서 습관적으로 행해졌던 '선택'이라는 행위를 멈추고, 모든 선택지를 융합할 수 있는 개선의 행위를 할 수 있다는 걸 의미한다.

셋째, 더 나은 결과를 위해 빠른 실패를 경험할 수 있다.
여기에서 중요한 키워드는 '빠른'이다. 완벽한 상품이나 서비스를 위해 테스트까지의 시간이 늘어나고 이로 인해 감당해야 할 실패 비용에 대한 부담을 줄일 수 있기 때문이다. 빠른 시제품과 사용자 피드백을 기반으로 제품을 개발하고 디자인하여 제품의 진정한 가치를 이끌어 내고자 하는 것이 디자인씽킹이다. 여기에서 중요한 것은 빠른 순환과 기민하게 움직여야 한다는 관점을 팀의 모든 구성원이 이해하고, 어떤 상품을 만들 것인가에 대해 공동의 목표를 갖는 것이 중요하다.

> **'선택'이라는 행위를 멈추고
> '융합'이라는 목적에 집중**

 위의 특징들을 정리해보면, 많은 사람을 진심으로 관찰하고 이를 빠르게 시각화 해보고, 여러 사람의 피드백을 구한 뒤, 다시 수정하고 새로운 것을 만드는 것을 반복하는 작업의 연속이다. 즉 디자인씽킹은 기존처럼 문제해결에 반대되는 제약 조건들을 제거하는 데 집중하는 것이 아니라, 해결책을 중심으로 사고함으로써 얻을 수 있는 것들에 집중하여 해당 결과물이 긍정적인 결과물로 직결될 수 있도록 이끌어 주는 도구이다. 결국 메타버스 환경에서 디자인씽킹을 함께하는 과정은 구성원들의 집단적 창의성으로 더 나은 가치를 창출하는 데 도움이 될 필수 요소가 아닌가 한다.

티칭, 러닝을 뛰어넘어 이제는 씽킹

　시대를 불문하고 수험생을 둔 부모들에게는 자녀들의 학업 성취에 대한 대량의 정보 공유가 한창이다. 시대가 많이 변함에 따라 그 세태도 상당히 많이 달라졌다. 크게 세 가지로 구분해 보면 학력고사, 수능시험, 생활기록부 등으로 나뉘는 걸 볼 수 있다. 학력고사 시절은 무조건 암기가 대세였다. 단편적으로 이루어지는 주입식 교육 말이다. 그 뒤로 스스로 배우게 해야 한다며 문제를 이해해야 하는 자기주도 학습 등이 유행을 선도하다, 요즘은 모둠활동이 대세를 이루고 있다. 하지만 아직도 사교육 중심의 우리나라에서는 암기 능력을 위한 주입식 교육이 주를 차지하고 있다.

　EBS 프로그램인 '청소년이 말한다'라는 프로에 한 수험생이 나와 주입식 교육에 대해 이렇게 말하고 있다.

"저도 하나의 대한민국의 학생으로서 주입식 교육을 많이 받았습니다. 주입식 교육에 대해서 생가해볼 때 주입시 교육은 우선 학생들을 배려하지 못하는 수업인 것 같습니다. 왜냐하면 선생님께서 앞에 서 계시고 학생들은 가만히 앉아서 듣고 있는데 학습의 주체인 학생들이 그 수업 시간 동안에는 선생님이 전달해 주시는 그러한 정해진 틀 안의 정보를 그냥 받아들이기만 하고 그것을 통해서 자신이 왜 이 정보가 나에게 필요한가, 그리고 그것을 어떻게 써야 되지, 이렇게 하는 의문을 가지면서… 그런 고민 속에서 선생님 수업이 갑자기 지루해지고 이런 걸 통해서 주입식 교육이 싫어지고 이렇게…."

이 대답에 우리 교육이 가야 할 방향이 녹아 있다. 우리가 아이들에게 전달해 주어야 할 것은 '이 정보가 왜 필요한지', '이것을 어떻게 활용해야 하는지'를 먼저 풀어야 한다는 것이다. 흔히 수학을 포기하는 대다수 수험생의 단골 레퍼토리인 "사회 나가서~되는데" 라는 인식을 하는 순간, 교육 방향 전환의 필요성을 느끼지 못한다. 오죽하면 이것을 방어하기 위해 그 많은 사람이 '수학도 암기과목'이라고 할까.

이러한 주입식 교육이 가지고 있는 가장 큰 프레임을 벗어던져야 한다. 바로 '정답 맞추기식 교육' 말이다. 수학 문제에 대한 진지한 고민보다는 문제에 대한 패턴과 공식의 대입을 암기하여 유사문제 출제 시 바로 정답을 쓸 수 있어야 한다고 교육받아 왔다. 즉 정답을 맞혔는가에 관한 관심만 있을 뿐, 그 과정에서 어떤 해석을 했는지 왜 이런 풀이 과정이 나왔는지에 대한 심도 있는 생각은 공유하고 있지 않다. 정확히 말하면 이런 생각과 고민의 시간은 수험생에게 사치에 불과하다는 생각이 지배적이다. 결국 획일적인 풀이 방식에 길들여진 아이들은 개성 없는 방향을 추구하며 살아가는 모습을 보이고 있다.

　이것은 생산라인에서 출하되고 있는 가전제품하고 다를 게 무엇이겠는가. 생산라인에 투입되는 부품은 규격화되어 있으며 그 규격에 맞지 않으면 불량품으로 분리되어 버려진다. 그 분리되어 버려진 불량품이 왜 나왔는지에 대한 검수, 규격화 되어 있는 초기 세팅값에 대한 점검은 이루어지지 않은 채 말이다. 결국 각 단계에 맞춰진 제품들이 모여서 출하되고 고객에게 판매된다. 하지만 사람은 그렇게 규격화할 수 있는 부품이 아닌데도 획일화된 주입식 교육으로 가르치려 한다. 인류 역사를 통해 볼 때 하나의 실패작이 새로운 발명품으로 전환되는 경우가 많음에도 불구하고 새로운 생각에 대한 프레임은 가지려 노력조차 하지 않는다. 즉 이렇게 획일화된 공장라인의 과정이 아닌, 위에 언급했던 "왜 이것이 필요한가?" "어떻게 활용해야 하는가?"에 대한 과제를 풀어야 하는 가장 큰 이유는 바로 '호기심' 이다.

인간은 태어나서 죽을 때까지 호기심으로 살아간다. 만져보고, 느껴보고, 먹어보고, 쳐다보고 등 육감을 활용해 정보를 수집하고 이를 바탕으로 생각하는 것이 바로 인간이다. 다시 말해 사람은 호기심이 생기면 스스로 나서서 생각하는 힘을 기르게 된다. 좋아하는 사람이 생기면 상대가 무얼 좋아하는지, 어떻게 하면 나에게 마음을 열어줄지 고민하며 밤을 지새우는 이치라고 생각하면 된다. 수학 문제에 호기심이 생기듯이 내가 하는 일에 대한 호기심이 생기면 스스로 생각하며 그 시간을 즐기게 된다.

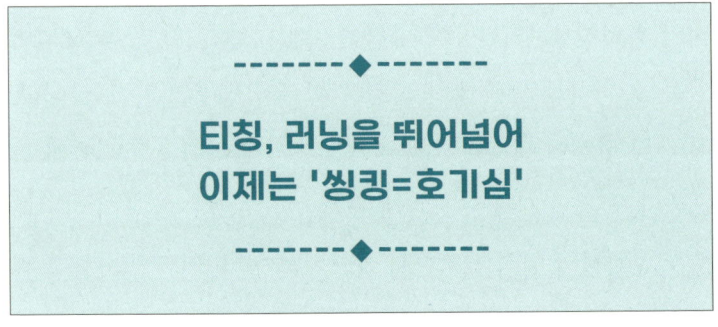

티칭, 러닝을 뛰어넘어
이제는 '씽킹=호기심'

우리는 아이들에게 주입식 교육이 아닌 호기심을 길러줘야 한다는 얘기를 많이 한다. 하지만 호기심은 누구나 가지고 있는 보편적 감정이다. 즉 정확히 표현하자면 호기심을 길러주는 것이 아니라 그 호기심을 실천할 수 있는 용기를 길러줘야 하는 것이다. 그 호기심을 실천하려는 용기가 생기면 실행을 위한 엄청난 생각을 할 것이기 때문이다. 그리고 그 생각이 모이고 모이면 그 사람이 살아가는 데 필요한 자양분이 쌓이게 되는 것이다. 즉 생각 위에 생각이 모이게 되는 것이다.

영화 '이상한 나라의 수학자'에 보면 수학 천재 최민식의 대사에 이런 내용이 있다. 수학을 그냥 공식 하나 달랑 외워서 풀면 수학과 친해질 수 없다고. 정답보다 중요한 것은 그 과정에 있다고 말이다. 나아가 수학 문제를 잘 풀기 위해서는 용기가 필요하다고 말한다. 문제가 안 풀린다고, 너무 어렵다고 화를 내거나 포기하면 안 되며, 오히려 내일 아침에 다시 풀어봐야겠다는 마음의 여유를 갖는 것이 수학적 용기라고 말한다.

마찬가지 우리는 살면서 수많은 문제와 난관에 봉착하며, 그것을 해결하기 위해서 많은 시간을 들이며 산다. 따라서 어려울 수 있는 문제들에 대해서 화내거나 포기하지 말고 다시 풀어볼 수 있는 용기가 있어야 한다. 다시 풀어보기 위해 수많은 생각들의 생각을 모아 다시 과정을 들여다 보고 다시 실행해 보는 과정을 거쳐야 우리는 비로소 문제를 풀 수 있는 용기가 생기는 것이다.

다시 정리해 보면 이렇다.

생각하는 힘은 우리가 여러 문제를 풀기 위한 가장 중요한 역량 중 하나이다. 인간은 무언가 알고 싶고 발전하고 싶을 때 호기심을 갖고 그 호기심을 풀기 위해 생각하고 그 생각으로 인해서 노력하고 발전한다. 이런 생각하는 힘은 배경지식, 열정, 용기, 호기심 등이 똘똘 뭉쳐 결과로 나타날 것이다.

하지만 단순히 지식을 모으고 다른 사람들이 만든 공식을 달달 외워서 문제를 푸는 나태함이 반복되면 스스로를 실행력 없는 사람으로 만들게 될 것이다. 이렇게 나쁜 생각의 습관을 벗어던지기 위해 우리는 호기심이 동반된 생각하는 힘을 길러야 한다.

호기심이 없다고, 생각하는 게 너무 힘들다고 자책하지 말자. 우리에게 너무 친숙한 스티븐 스필버그 감독은 우리를 이렇게 응원한다.

"마음속 어린아이를 포기하지 마세요."

> **"마음속 어린아이를 포기하지 마세요."**
> -스티븐 스필버그 감독

지속 가능한 성장만을 위하여

　어느 날 어려서 우리가 가지고 놀던 전자 게임기가 생각났다. 팩이라 불리는 지금으로 치면 애플리케이션에 해당하는 그 기계를 본체에 꽂아서 쓰던 게임기 말이다. 집이 부유하지 않았던 아이들은 그 게임기가 있는 친구와 친해져 그 집에 가서 신나게 하루를 보내기도 했다. 그 당시 게임기 산업은 크게 두 회사가 점령하고 있었다.

　하지만 아이러니하게도 두 개 모두 일본 회사였다. 그도 그럴 것이 80년대, 90년대만 하더라도 카메라, TV 등의 전자기기 중 비싸고 좋은 것은 흔히 얘기하는 '일제'가 모두 차지하고 있었다. 하물며 미국조차도 일본을 따라잡기 어렵다고 생각하던 시기다.

　하지만 시간이 흘러 판도는 급속하게 변하기 시작했다. 미국에서는 인터넷과 모바일이라는 두 개의 플랫폼이 새롭게 생태

계를 구축하면서 혁신을 이루기 시작했다. 아까 이야기한 두 개의 게임회사는 서로 공유되지 않은 폐쇄적 제조업이었지만 미국의 회사들은 달랐다. 애플, 트위터, 페이스북, 구글 등에서 시작한 스마트한 혁명이 글로벌 문화로 자리를 잡기 시작하였으며 그 핵심 장소가 바로 미국 캘리포니아에 위치한 스마트산업단지 실리콘밸리이다.

패배주의에 빠져 있던 실리콘밸리는 결국 다른 경쟁국들을 어떻게 압도하고 성장할 수 있었을까?

우리나라가 스마트폰을 거의 사용하지 않던 2000년대. 당시 얼리 어답터들 사이에서나 쓰였던 아이폰, 아이패드가 스마트폰의 전부라 할 수 있었다. 하지만 그조차 기존 피처폰 사용자들에게 구매 욕구를 자극하지는 못했는지 점유율이 높지 않았다. 그러던 중 구글이 안드로이드 체계를 내놓으면서 애플과 구글의 플랫폼 전쟁이 촉발하기 시작했다. 구글이 당시 더 특이했던 것은 그들이 제작한 운영체제 특허기술인 API를 전면 공개하여 완전 개방적 플랫폼을 구축했다는 것이다. 즉 오랜 시간 공들여 개발한 모든 소스를 오픈하여 개발자들이나 초보자 모두 다양한 애플리케이션을 제작할 수 있게 되었다. 이렇게 제작된 많은 애플리케이션을 사용하고픈 고객들이 몰려들기 시작했고, 이를 바탕으로 거대한 플랫폼 시장이 형성되는 기틀이 마련되었다.

앞선 사례들을 통해 알 수 있는 것은 더 이상 견제와 폐쇄는 성장의 길로 갈 수 없다는 것이다. 결국 IT 산업에서 기인했지만, 우리가 살아가는 데 있어서 다자 간의 개방과 공유가 필요하며, 이로 인해 우리는 성장할 수 있다는 걸 의미한다. 이제는 내가 아는 내 것은 모두가 함께 해야 서로 발전할 수 있고, 개방하고 공유할 때 그 빛을 발할 수 있다는 걸 알아야 한다. 혼자 독식하고 경쟁하는 기업이나 개인은 지속 가능할 수 없을 뿐더러 성장하지 못하는 악순환을 겪게 될 것이다.

이런 의미에서 디자인씽킹이 가지고 있는 특징은 확실하다. 천재적 능력을 갖춘 한 명에 의존하는 것이 아니라 보통의 우리가 모여 함께 방향과 방법을 모색한다는 특징 말이다. 디자인씽킹 프로세스 안에 참여한 모든 구성원은 상호 보완적 관계를 유지하기 때문이다. 여러 활동 속에서 과정과 결과를 스스럼없이 공유하기도 하며, 때로는 이런 일련의 과정들을 학습하여 통찰력을 얻기도 한다. 그리고 여기서 얻은 인사이트가 결국은 나와 내가 속한 조직의 성장을 가져오는 '씨드 머니' 역할을 하기도 한다.

고성장 시대가 아닌 저성장 시대를 맞이한 우리는 '흑과 백'으로 나뉜 문제를 해결해야 하는 시대가 아님을 인지해야 한다. '회색지대'의 문제를 해결해야 하는 상황에 마주하게 된 것이다. 더 이상 논리적인 이성으로 문제를 해결하는 것보다 직관적인 사고를 통해 지금보다 더 나은 상태로 변화하려는 자세가 우선돼야 함을 의미한다. 이것이 바로 디자인씽킹이 가지고 있는 정의의 한 부분이기도 하다. 즉 지금처럼 미래를 예측하기도 힘들고, 상황 속에서는 다양한 해결 방법을 제시하고 테스트하며 재실행하는 데 도움을 주는 디자인씽킹의 주된 역할을 떠올릴 필요가 있다.

그간 고성장 시대에서는 우리가 고작 '고객을 만족시킬 수 있는 모든 것'에 집중하여 서비스를 개발하고 실행해 왔다. 그래서 여러 기술 개발의 진화와 혁신으로 새로운 비즈니스 모델을 만들고 글로벌 기업들은 이를 통해 상당한 부를 축적해 왔다.

하지만 4차 산업혁명 시대처럼 모든 것이 재정의 되고 있는 시점에서는 하나의 방향으로 우리의 성장을 담보할 수 없게 되었다. 이제는 사람과 사람을 연결하는 새로운 관점과 질문으로 가치 창출이 필요하므로 더욱 디자인씽킹이 주목받게 된 것이다.

디자인씽킹은 내가 속한 집단이든 아니든 다양한 사람들과 협업을 통해 창의적인 해결방안을 찾는 프로세스다. 사용자에 대한 공감과 이해를 바탕으로 시작하여, 올바른 문제를 정의하는 데 시간을 들인다. 그리고 많은 참여자의 아이디어를 모아

흑과 백이 아닌 확산과 수렴의 반복적인 과정을 통해 아이디어를 정제한다. 정제한 아이디어로 빠르게 시제품을 만들어 테스트를 반복, 또 반복한다. 이런 일련의 활동들은 항상 공유와 개방을 제1 원칙으로 시행된다. 모든 참여자는 그 과정들을 모두 지켜볼 수 있으며 언제든 참여할 수 있다는 자연스러움을 추구하는 것이다.

2014년 전 세계를 강타한 '겨울왕국'의 N차 관람을 이끌었던 파워 역시 공유와 개방을 필두로 내세웠기 때문에 가능했다고 본다. 겨울왕국의 주제곡인 '렛 잇 고let it go'는 저작권 개념에서 자유로웠다. 기존 모든 애니메이션의 주제곡은 저작권등록을 통해 상당한 부가수익을 창출했으나 이 주제가는 달랐다. 겨울왕국 팬이라면 누구나 주제가를 리메이크하고 공유할 수 있도록 제한된 권한을 공개하기에 이르렀다.

과연 공유와 개방 없이도 겨울왕국이 신드롬을 일으킬 수 있었을까?

이뿐만이 아니다. 2010년 이후 제2의 스티브 잡스라 불리는, 아이언 맨의 실제 모델이라 말하는 테슬라의 창업주 엘런 머스크는 본인들의 1,400여 개가 넘는 기술들을 무료로 공개했다. 이에 질세라 토요타 또한 자사의 수소 차 독점기술 5,000여 개를 전면 공개하기 이르렀다. 당시 토요타 부사장인 니하르 파텔은 이렇게 얘기했다.

"우리의 노하우를 사람들에게 제공함으로써 더욱 새로운 것을 창조하고 그 혜택을 공유할 수 있습니다. 그로 인해 우리는 모두 함께 성장할 수 있습니다."

단순히 개방과 공유를 자본의 논리로 해석하자는 것이 아니다. 개인인 우리가 성숙한 성장을 위해서 가져야 할 시대정신이자 우리의 문화 중 하나라는 것을 말하려는 것이다. 단순히 회사가 성장하고 개인이 변화하는 것에 초점을 맞추게 되면 예전과 다를 바가 없게 된다. 이런 의미에서 디자인씽킹은 변화, 성장, 발전이라는 여러 타이틀 앞에 하나의 수식어가 더 붙게 해 준다. 바로 '지속 가능'이라는 단어 말이다. 일시적 성장과 발전은 있을 수 있으나 이는 결국 신기루처럼 사라지게 될 수도 있다.

따라서 우리 모두의 '지속 가능한 성장'을 위해서는 디자인씽킹이 가지고 있는 정의와 철학을 충분히 이해하고, 한 명의 천재가 아닌 보통의 여러 사람이 모여 개방과 공유를 통해 협력해야 함을 알아야 한다. 이것은 선택이 아니라 필수다.

**우리는 '흑과 백'이 아닌
'회색'의 문제를 해결해야 하는 상황**

성공적인 미래를 보장하는 코인 '디자인씽킹'

인간이 동물과 다른 것은 다른 사람들과 의견을 교류하고 끊임없이 소통하며 새로운 것을 배우며 성장한다는 점이다.

하지만 시간이 지남에 따라서 생각의 자원이 고갈되거나 차이를 극복하지 못하고 갈등을 야기하는 경우가 많다. 앞서 살펴본 모든 사례 및 내용들이 자칫 이익을 추구하는 기업이나 공동의 목표를 추구하는 조직에서만 필요하다고 오해할 수 있다.

디자인씽킹은 그런 것에 국한된 기술이 아니다. 스스로 살아감에 있어서 본인의 미래를 디자인하고 그것을 해결해 나가는 과정을 각자가 즐길 수 있는, 고유한 능력을 갖추게 되는 것이다.

2022년 대선이 끝났음에도 불구하고 현재 여기저기서 너무나 강경한 주장을 하는 사람들이 많아서인지 국민이 동의하지 않는 방향으로 소통이 악화하는 모습을 볼 수 있다. 이는 조직

내에서 강한 주장을 가진 사람이 문제해결보다는, 서로를 멀리 밀어내어 대화를 악화시키는 경우라 할 수 있다. 여기서 필요한 것은 좌우상하 상관없이 적절한 이해관계자를 선정하고 이들에게 적절한 대화 참여를 유도하고, 조직 내에서 발생하는 도전적 과제를 극복하는 과정을 함께해야 한다는 것이다.

이를 위해 디자인씽킹은 존재하는 것이며 우리가 눈감는 그 날까지 모든 것에 영감을 줄 만한 능력이 있다.

우리는 디자인씽킹 수업을 여러 유형의 조직에 전파하고, 이를 바탕으로 많은 데이터를 분석한 결과 이 과정을 통해 창조적 확신을 가질 수 있는 능력이 함양된다고 본다. 조직과 개인 모두를 말이다. 개인의 지식과 바탕을 통해 더 큰 기회를 창조하고 이를 매개체로 조직은 혁명적 행동을 수행할 수 있게 되는 것이다. 한때 컨베이어벨트처럼 개인을 표준화하고 조직의 효율성을 높이기 위해 사용되었던 도구들이 주류였던 때가 있었다.

하지만 이는 결국 개인과 조직의 성장을 저해하고 모두를 한 울타리에 가두고 근본적인 혁신을 이루지 못하고 저물어가는 것을 지켜보았다.

따라서 개인의 노력과 조직의 결집력을 결합해 실질적인 효과를 낼 수 있는, 즉 케미를 낼 수 있도록 도와주는 것이 디자인씽킹이다.

시시때때로 사람들로부터 듣는 말 중 하나가 디자인씽킹은 이해하기 어렵고, 무언가 허상을 좇는 듯한 느낌이라는 것이다. 하지만 이는 기술적인 관점과 목표 지향적 시선에서 보았을 때 보이는 현상에 불과하다.

기존 디자인씽킹이 우리 세상을 어떻게 변화시켰는지, 개인과 조직에 어떤 영향을 미쳤는지를 알게 되면 평가는 달라진다. 중요한 것은 디자인씽킹의 기술적 이해나 목표 달성에 대한 의지가 아닌 어떤 중요한 의미가 있는지를 이해하는 것이 선행되어야 한다. 그리고 이 디자인씽킹이 가지고 있는 사적, 공적, 사회적, 정치적 등등에 대한 각각의 특성을 이해하고 살펴보는 것이 그다음이다.

궁극적으로 우리는 디자인씽킹의 이해를 준비하는 것이 중요하다. 그리고 이 모든 것은 준비하는 자만이 누릴 수 있게 된다.

위에 내용을 세 줄로 정리하면 아래와 같다.

첫째, 디자인씽킹은 우리에게 평생 영감을 줄 것이다.
둘째, 이 영감을 통해 개인과 조직의 케미는 완성될 수 있다.
셋째, 중요한 것은 디자인씽킹의 이해를 준비하는 자만이 누리게 된다.

그럼, 여기서 우리는 어떻게 준비해야 하는가에 앞서 지금 우리가 어떤 시대에 살고 있는지를 알아야 한다. 지금의 시대는 고도로 연결되어 있으며 인간뿐 아니라 사물 또한 비약적으로 지능화되어 가고 있다. 눈에 보이지 않는 기술들로 인해서 모든 매개체의 물리적 거리감이 소멸하고 있으며 이는 일상에서 많은 플랫폼을 만들기도 하며 없애기도 한다. 이러한 빠른 변화로 인하여 사람은 피로감을 느끼기 시작했다. 하지만 수많은 기술이 집약되어 있음에도 불구하고 해결되지 않는 문제는 산더미다.

그러다 보니 살면서 언제나 골치 아픈 문제에 직면하게 된다. 조직에서는 더 나은 효과성, 효율성을 내세워 혁신만을 강조한다. 가족 구성원들 간에는 서로의 상황을 내세워 배려받기를 바란다. 이웃집과는 해결되지 않는 층간소음이나 주차 문제 등으로 항상 찜찜하게 하루를 시작하고 마감한다. 십 년 전만 해도 문제 되지 않던 담배 연기로 시비가 붙고, 서로의 지식이 더 옳다며 SNS에서 설전이 붙는 경우도 허다하다. 이 이야기는 어차피 사람이 존재하는 한 갈등도 항상 존재한다는 이야기다.

이런 갈등과 문제를 해결하기 위해서는 어떻게 해야 할까. 아무리 유능한 지식인 집단이라고 해서 또는 해당 분야에 대해 전문가라고 해서 모두 해결할 수 있는 것은 아니다. 물론 그들의 노하우를 통해서 해결할 수도 있겠지만, 중요한 것은 어느 분야든 전문가보다 비전문가가 많다는 사실이다. 결국 비전문가가 이를 해결하기 위해서는 해당 문제를 정면으로 직시할 수 있는 용기가 필요하다. 즉 모든 갈등과 문제의 해결은 이를 위해서 과감히 보이는 것을 말할 수 있는 시작이 되어야 한다. 이는 결국 디자인씽킹이 추구하는 네 가지 질문과 맞닿아 있다고 볼 수 있다.

첫째, 무엇이 보이는가?
둘째, 무엇이 떠오르는가?
셋째, 무엇이 끌리는가?
넷째, 무엇이 통하는가?

인간이 살면서 겪는 문제들은 복잡 다양성을 가지고 있다. 하지만 인간은 이 모든 문제에 대한 해결점을 찾아내고 공유할 수 있는 잠재력이 있다. 그리고 그런 과정을 즐기며 스스로 또는 서로에게 위와 같은 질문을 통해 용기를 북돋아 주기도 한다. 결국 문제를 효과적으로 해결하는 데 용기를 줄 수 있는 것이 디자인씽킹이라 할 수 있다.

이 책에서는 거의 경제와 비즈니스 관점에서 디자인씽킹을 해석했다. 만약 또 다시 기회가 생긴다면 철저하게 '개인의 삶' 관점에서 이야기하고 싶다. 그 시작은 아마도 아래의 내용으로 시작하게 될 것 같다.

> **개인은 세상을 변화시킬 능력이
> 있음을 믿어야 한다.**

디자인씽킹 프로세스

1단계 : 공감하기 Empathize

 디자인씽킹의 가장 큰 특징은 공감적 태도에서 출발한다는 것이다. 발생한 문제를 해결하기 위해 사용자 중심에서 이해하고 니즈를 깊이 공감하는 태도는 문제해결에 있어서 가장 기초적이면서 핵심이 될 수 있다.

 일반적으로 인간관계에 있어 공감은 상대방의 감정을 같이 느끼며, 마치 내가 직접 경험한 것처럼 행동하는 능력을 말한다. 물론 그 누구도 상대방의 입장이 되어 겪는 일, 감정을 완벽히 경험할 수는 없지만, 최대한 가장 가깝게 이해하려고 시도해야 한다. 이처럼 디자인씽킹에서 공감하기 단계는 문제점을 파악하고 처해 있는 상황을 설명하기 위해 사용자의 잠재된 니즈와 욕구를 찾아내는 것이 중요하다.
 이를 위해서는 사용자의 환경뿐만 아니라 그들이 처해 있는 환경 속에서 어떠한 경험을 했는지 이해하는 것이 필요하다. 공감은 사용자의 신체적, 정서적 욕구, 주변 환경과 상호 작용하는 방식에 대해 인식하고 깊이 이해하는 데 의미가 있으며 문제 해결에 있어 출발점이 될 수 있다.

공감하기 단계에서는 사용자의 니즈와 경험을 이해하기 위해서 사용자를 관찰하고, 참여시키고, 공감하며 사용자를 더 깊이 이해하기 위해 그들이 처한 환경에 서서 직접 사용자의 입장이 되어보고 경험하면서 몰입하는 것을 포함한다. 여기 누구나 알 법한 공감의 사례를 살펴보도록 하자.

옥소의 디자이너 '패트리샤 무어'는 어린아이부터 노인까지 모든 사람이 편안하게 사용할 수 있는 제품을 개발하기 위해 본인이 직접 사용자의 입장이 되어 공감을 경험하고자 노력한 대표적인 인물이다.
그녀는 신입 디자이너 시절 새로운 냉장고 디자인을 논의하는 미팅에서 손아귀에 힘이 없는 노인들도 쉽게 열 수 있는 냉장고 손잡이 개발을 제안하였다. 하지만 회사에서는 그런 사람들을 소비자로 하는 디자인은 굳이 필요하지 않다며 냉소적인 태도를 보였다. 그녀는 미팅 이후 고민 끝에 직접 80대 노인이 되어보기로 결심했다.

노인들의 일상을 이해하기 위해 그저 외적인 모습만 분장하여 연기한 것이 아니라 자기 몸을 노인들과 비슷하게 불편하게 만들었다. 노인이 되면 시력과 청력이 떨어지고 관절이 아파 잘 걷지 못하는 모습들을 관찰하여 자신도 솜 마개로 귀를 막고, 떨어진 시력을 경험하려고 일부러 뿌연 안경을 쓰고 다니며, 걸을 때도 지팡이에 의존해 천천히 걸었다. 노인들의 상태와 가장 유사하게 자신의 생활환경을 바꾼 것이다.

여기에 그치지 않았다. 그녀는 대부분 시간을 공원 벤치에 앉아서 다른 노인들과 이야기를 나누며 보냈다. 그렇게 그녀는 무려 3년의 세월을 보내며 노인들을 이해하고 필요한 니즈를 파악하였다. 그 세월을 보낸 후 그녀는 이렇게 말하였다.

"사람들은 누구나 젊은 시절의 일상을 평생 영위하길 원합니다. 이러한 사람들의 소망을 이루게 하는 것이 바로 디자인의 힘입니다."

그녀의 디자인 철학은 '옥소'라는 브랜드를 통해 세상에 나오기 시작했고 옥소의 주방용품은 탁월한 그립감으로 유명하다. 남녀노소 모두가 손쉽게 사용 가능하고 손힘이 센 사람이나 약한 사람 모두 안전하고 편안하게 사용할 수 있는 제품으로 발전하게 된 것이다.

공감하기는 인간 중심의 프로세스에 매우 중요하다. 사용자의 니즈에 대한 통찰력을 얻기 위해 디자이너 자신의 추측을 제외하고, 사용자들의 이야기를 주의 깊게 듣고, 선입견 없이 관찰하며 새로운 시선으로 바라보는 태도가 그들을 한층 더 깊이 이해하고 공감하게 만들어 줄 것이다. 더불어 사용자에게 맞는 최적의 제품과 서비스를 디자인하기 위해서는 그들의 니즈와 문제점을 이해하기 위해 최선의 노력이 필요하다.

공감하기는 비즈니스 성공에서도 매우 중요하다. 디자인씽킹을 활용하는 분야에서 일하는 많은 CEO나 디자이너들은 성공적인 제품 또는 서비스를 정의하는 세 가지 요소를 강조한다.

사용자의 욕구(니즈), 생존 가능성(이윤), 실현 가능성(기술)이다.

비즈니스가 성공하기 위해서는 해당 제품을 만들어 판매하거나 서비스 제공 기술을 개발하여 매출을 발생시키는 것만으로는 충분치 않다. 많은 사용자가 그 제품을 찾고 원해야 한다. 그러한 제품을 만들거나 서비스를 제공하기 위해서는 사용자의 니즈 경험, 욕구, 선호도를 이해하고 적절히 활용했을 때 최적의 제품을 설계하고 서비스를 제공할 수 있다.

또 하나의 예로 2000년대 초반 MP3 플레이어가 소비시장에서 한참 인기를 끌다 어느 순간 사라지고 등장한 애플의 iPod을 꼽을 수 있다. 그동안 소비자들이 경험한 제품과는 차원이 다른 기술과 디자인으로 많은 사람의 호응을 얻어 현재도 시장을 주도하는 기업이 되었다.

이 사례에서 보듯 이윤을 추구하는 비즈니스에서의 공감하기 단계는 최적의 솔루션을 찾는 시작이 될 수 있다. 사용자의 욕구에 대한 이해와 통찰력 없이 제품을 개발한다면 가장 중요한 포인트를 완전히 놓쳐 시장에서 경쟁력이 떨어지는 제품을 만들 수밖에 없다.

디자인씽킹에서 공감하기는 이렇게 현재의 처한 상황 속에서 지속할 수 있으며 우리에게 긍정적인 영향을 미칠 수 있는 모든 관련 영역에 초점을 맞춰서 문제해결을 할 수 있도록 도와준다.

대부분 사람은 질문에 대답을 내놓을 때 디테일한 부분까지 자세히 말하지 않는다. 보이지 않는 내면에서부터 오는 불신, 두려움 등으로 속마음을 쉽게 열지 않는다. 또한 일부 사람들은 추상적이고 자신만의 방식으로 애매모호하게 표현할 수 있으므로 숨겨진 의미를 파악하고 이해하는 노력이 필요하다.

결국 사용자가 생활하는 환경에서 무심코 던진 말 한마디, 사소한 행동으로부터 사람들을 이해하고 파악하여 사용자들의 입장에서 그들을 도울 수 있는 새로운 시선과 통찰력으로 문제해결의 기회를 찾아갈 수 있게 된다.

새로운 가치를 만들어 내고 실현하기 위해서는 뛰어난 기술보다도 내가 직접 사용자가 되어 관찰하고 경험하는 공감에서 시작된다는 것을 기억하자!

"고객이 가치 있다고 생각하는 것이 무엇인지는 고객 그 자신만이 대답할 수 있다. 그 대답을 들으려면 집요하고 체계적으로 고객에게 다가가야 한다."

_피터 드러커

공감하기에 필요한 도구

사용자와 공감하는 대표적인 방법으로는 관찰하기, 면담하기, 경험하기가 있다. 이에 해당하는 도구들을 살펴보자.

페르소나 : 관찰하기 도구

페르소나는 사용자의 주요 정체성을 이해를 돕는 과정이다. 프로젝트 참가자들이 여러 개의 페르소나를 창조하여 사용자들을 공감해 보는 것이다. 실제 사용자를 만나기 어렵거나 사용자 중심의 의사 결정을 할 때 사용되는 도구이다.

진행 방법

- 기존 사용자 프로필에 관한 연구 자료를 모아 프로젝트 참가자들에게 제공한다. 참가자들이 자료를 보고 더 많은 정보를 담은 프로필을 상상하여 만들게 한다.
- 준비된 데이터를 바탕으로 첫 번째 페르소나를 창조한다.
- 프로젝트 참가자들이 만든 여러 프로필을 관찰하고, 같거나 유사한 점들을 찾아내어 새롭게 창조할 페르소나의 수를 정한다.
- 정해진 페르소나를 검토하여 부족한 부분을 다시 보완하여 최종 페르소나를 완성한다.
- 완성된 페르소나를 누구나 쉽게 볼 수 있는 장소에 게시하여 되도록 많은 사람이 활용할 수 있게 한다.

페르소나 양식

이름	
라이프스타일	
성격	
목표	
행동/버릇	
두려움/도전	
영향 받은 사람 취미	

출처 : 도서, 디자인씽킹 가이드북

공감 인터뷰 : 면담하기 도구

공감 인터뷰는 공감 능력을 키워주는 효과적인 도구이다. 인터뷰와 관찰, 기록을 통해서 사용자를 알아가고 이해하는 과정이다. 사용자의 잠재적인 생각이나 동기, 감정 등을 찾아내기 위해 사용되는 핵심적인 도구이다.

진행 방법

인터뷰 목표 정하기

목표	

사용자 프로필

이름		나이	
직업		성별	
가족관계			
취미			
가치관			
생활패턴			
좋아하는 것			
싫어하는 것			

인터뷰 질문 만들기

질문 목록	이와 같은 질문을 하는 이유
- 묻고 싶은 질문을 자유롭게 나열해 본다. - 질문들을 주제별로 분리해 주고 인터뷰가 자연스럽게 진행될 수 있도록 순서를 정한다.	
※ 주의할 점 : - 너무 많은 질문을 준비하지 않는다. - 사용자에게 답변을 유도하지 않는다.	

인터뷰 진행하기

자신을 먼저 소개하고, 진행하고자 하는 프로젝트에 대해 간략하게 설명해 준다. 사용자의 프로필과 관련된 질문을 통해 친밀감을 형성하고 프로젝트에 주제와 관련된 질문을 한다. 사용자가 자연스럽게 자기 경험을 말할 수 있도록 주제와 관련된 일화 또는 개인적인 예시를 먼저 말해 주는 것이 좋다. 인터뷰를 진행할 때는 가급적 2인 1조로 운영하는 것이 효과적이다. 한 사람은 질문을 진행하고, 다른 한 사람은 사용자의 말, 감정, 행동 등을 구체적으로 기록하는 것이 좋다. 이때 주의할 점은 사용자의 말에 대해 해석하지 않고 그대로 기록하는 것이 중요하다.

인터뷰 내용 기록하기

관찰 내용을 구분하여 기록한다

사용자의 말	
사용자의 행동	
사용자의 감정 (생각, 느낌)	

TIP 효과적인 인터뷰

- 구체적인 경험과 스토리를 물어본다.
- Why 질문을 활용한다.
- 사용자의 말과 행동 감정의 변화까지 최대한 자세히 기록한다.
- 사용자가 인터뷰 도중 침묵하더라도 절대 먼저 자신의 답을 유도하지 않는다.
- 질문은 가능한 간결하게 한다.

공감 지도 : 경험하기 도구

인터뷰한 내용만을 토대로 문제를 발견하고 해결하기란 쉽지 않다. 공감 지도는 사용자의 보이지 않는 이면의 생각과 감정을 깊이 이해하기 위한 도구이다. 관찰과 인터뷰 내용을 사분면에 정리하여 인터뷰의 핵심을 파악하고 새로운 통찰을 발견한다.

진행 방법

- 인터뷰와 관찰한 내용을 사용자의 말과 행동을 나누어 본다.
- 사용자가 말한 것으로부터 어떤 생각을 하고, 행동한 것으로부터 어떤 감정을 느꼈을지를 유추해 적어 본다.

공감지도 양식

말한 것 (Say)	사용자는 어떤 생각을 했을까 (Think)
행동한 것 (Do)	사용자는 어떤 감정을 느꼈을까 (Feel)

이 외에도 사용자와 공감하는 방법에는 'Why' 질문, 섀도잉, 극단적인 사용자 경청하기 등이 있다.

Why 질문

같은 문제가 다시 발생하지 않도록 문제의 감춰진 원인을 찾는 데 효과적인 방법이다. 발생한 문제를 단순하게 한 문장으로 정리하고 그 문장에 'why'를 덧붙여 수정하고 답변해 나가면서 원인을 찾아가는 방식이다.

섀도잉

어떠한 특정 상황에서 사용자와 상호작용을 거의 하지 않고 물러서서 관찰하는 것이다. 자신이 좀 더 알고 싶거나 이해하고 싶은 것을 명확하게 정의하여 관찰할 상황을 열린 질문 형태로 정리하여 진행한다.

극단적인 사용자 경청하기

대부분의 극단적인 사용자들은 자신이 필요한 부분을 훨씬 명확하게 이야기한다. 그들의 이야기 안에서 새로운 관점을 발견할 수 있어 효과적으로 사용되고 있다.

극단적인 사용자들을 인터뷰할 때는 '무엇을?'(상황 묘사), '어떻게?'(사용자의 경험적 지식, 경험), '왜'(이유, 행동의 원인)와 같이 질문 3단계를 기준으로 하여 진행한다.

2단계 : 문제 정의 Define

↓

오늘도 어김없이 걸려오는 엄마의 전화. 받자마자 첫마디는 "속은 좀 어때? 괜찮니? 뭐 좀 먹기 시작했니?"부터 시작해서 이게 좋으니까 이거 먹어라, 저게 좋으니까 저거 먹어라 등 40대 후반을 훌쩍 넘긴 나에게 아직도 걱정어린 잔소리를 한없이 늘어놓으신다.

중학교 때부터 위장병을 달고 사는 나는 최근 동생과 함께 위내시경을 하는 도중 헬리코박터균 검사에서 양성반응이 나와 의사의 권유로 제균 치료를 시작하였다. 1차 치료약을 먹고 검사하였는데, 또다시 양성반응이 나와 2차 치료약을 복용 도중 부작용으로 구토를 해서 치료를 멈췄다. 다른 약으로 시도하였으나 마찬가지로 구토하고 위경련까지 일으켜 치료를 멈추어야만 했다. 현재는 치료를 멈추고 일반 위염 약을 복용하면서 회복 중이다. 이런 내가 걱정스러웠던 엄마는 요즘 매일같이 전화해서 나의 위장 안부를 묻는 게 일상이다.

나뿐만 아니라 동생도 나와 비슷하다. 어떤 때는 병원을 가지 못했을 때 아프면 약을 나누어 먹어도 될 정도로 비슷한 증상을 앓고 있다. 늘 위장과 관련된 질환을 앓으면서 동생과 나는 입버릇처럼 하는 말이 있다. "도대체 우리 위장은 왜 이렇게 문제가 많을까?" "수 년 동안 같은 증상들이 돌아가면서 반복하는데도 왜 그런지에 관한 생각보다 우리는 왜 위장기능이 이렇게 약할까?"라는 질문만 던지고 있었다.

여기서 위장병이 발생하는 건 하나의 현상에 불과하다. 동생과 나는 지금까지 현상이 문제인 것처럼 그것만 생각하고 해결책을 찾으려 했다. 당연히 좋은 방법을 찾지 못한 채, 증상이 나타날 때마다 그저 병원 신세만 지는 생활을 반복하고 있었을 뿐이었다. "위장병이 자주 재발하는 원인은 무엇일까?"라는 질문에서부터 시작했다면 평상시 우리의 식습관, 자세 등 고쳐야 하는 부분을 찾을 것이고, 위장에 좋은 건강보조식품 또는 도움이 되는 운동 등에 치중했다면 지금처럼 약에 의존하면서 생활하지는 않았을 것이다.

우리는 이렇게 일어나는 현상과 문제를 착각하는 경우가 많다. 문제 정의^{Define} 단계에서는 현상이 아닌 문제를 정확히 진단하여 올바른 질문을 던지고 올바른 답을 찾아갈 수 있도록 도와주는 단계이다.

하지만 어려서부터 그저 주어지는 문제에 대한 정답을 찾는 형식의 교육에만 익숙해져 있는 대한민국 사람들에게 어렵게 느껴질 수도 있다.

첫 번째 단계, 공감하기에서 우리가 어떤 사용자를 위해 디자인을 하고 그들이 실제로 필요한 것이 무엇인지를 이해하였다면, 문제 정의^{Define} 단계에서는 좀 더 혁신적이고 사용자의 문제를 확실하게 해결하기 위해서 구체적이고 설득력 있는 문제를 정의하는 것이 필요하다.

정리가 잘 되어 있는 문제 정의는 우리가 디자인씽킹을 할 때 나타나게 되는 문제점을 해결하는 데 있어서 있어서 포인트를 올바르게 잡고 디자인할 수 있게 도와준다. 따라서 잘 되어 있는 문제 정의는 디자인씽킹의 전반적인 프로세스와 솔루션을 향상시킨다.

문제 정의를 하기 위해서는 우선 진정한 문제를 찾는 것이 중요하다. 진정한 문제를 찾기 위해 아래와 같은 3가지 요소를 기억하자.

1. **Real** : 진짜 문제인가?
2. **Valuable** : 많은 가치 창출이 가능한가?
3. **Inspiring** : 나에게 영감이나 자극을 주는가?

첫 번째는 'Real'이다. 지금 이 문제가 디자인을 하기 위해서 '진짜 문제인가?'를 꼼꼼히 검토해봐야 할 것이다. 잘 아는 것과 같이 구글 글라스의 경우, 고객이 아닌 공급자의 관점을 기준으로 디자인함으로써 실패한 사례로 이해할 수 있다.

구글 글라스는 고객이 진짜 원하는 것이 무엇인지 이해하지 못한 채 문제의 해결을 공급자 관점에서 기능과 품질 중심으로 제품을 업그레이드하는 것에만 전략을 집중함으로써 실패했다. 혁신적인 제품이었음에도 고객들의 호응을 얻는 데는 결과적으로 실패한 제품이 된 것이다.

수많은 경쟁 시장에서 기업이 경쟁력을 갖추기 위한 문제해결은 고객의 니즈가 정말 무엇인지, 고객이 해결하고자 하는 문제가 무엇인지에 대한 단순한 이해로부터 시작된다. 물론 그 기업이 갖추고 있는 환경, 기술력도 중요하다.

하지만 가장 중요한 것은 고객이 그것을 정말 해결해 주기를 원하는지 꼼꼼히 살펴봐야 할 것이다. '진짜 문제'라고 하는 것들은 기업의 입장만 생각한 이기적인 질문일 수 있다. 정말 중요한 건 고객의 관점에서 본 '진짜 해결할 문제'이다.

두 번째는 'Valuable'이다. '이것이 정말 많은 가치를 창출할 수 있을까?'를 검증해야 한다.

우리의 일상에서 일어나는 수없이 많은 현상에서 사실 진정으로 가치가 있는 문제를 발견하기란 쉽지 않다. 예를 들어 기업 강사를 하고 있거나 하려고 준비 중인 사람들은 대학원 진학에 대한 고민을 한 번쯤은 해봤을 것이다. 일부에선 석사학위는 기본적으로 받아야 교육 시장에서 인정받을 수 있다며 권하는 이도 있고, 일부는 본인이 확실한 콘텐츠 하나만 갖고 잘 하면 된다고 말하는 이들도 있다.

여기서 대학원이라는 것은 누군가에게는 하나의 도구에 불과하다고 느껴질 수 있고, 누군가에게는 가치가 있는 과정이라고 볼 수 있다. 이 차이는 결국 이것을 사용하는 사용자가 누구냐에 따라 가치를 결정하게 될 것이다. 내가 강의의 질을 높이는 것에 중점을 둔다면 스스로의 콘텐츠 역량을 높이는 것이 가치 있는 일일 것이고, 더 많은 기관 및 업체로부터 사전 컨택이 되기 위함이라면 대학원도 가치가 있게 되는 이치와 비슷하다고 보면 된다. 즉 "얼마나 많은 가치 창출이 가능하냐?"의 질문은 '누구에게'라는 수식어를 배치하면 쉽게 해결할 수 있다.

세 번째는 'Inspiring'이다. 아마도 대부분은 이해가 안 되고 어려움을 느낄 것이다. 눈에 보이지 않는 단어이기도 하고, 현실적으로 체감되지 않는 성과라고 보여지기 때문이다.

조금 더 구체적인 단어 또는 이해하기 쉬운 표현으로 해보면 이 세 번째 요소는 바로 '성장'이 아닐까 싶다. 즉 앞에서 얘기한 진짜 해결이 필요한 것, 가치를 창출하는 것에 치중하지 않게 균형을 지켜주는 시소와 같은 역할을 해 줄 수 있다.

내가 속해 있는 기업이나 집단에서 가치, 문제 등의 해결에만 급급하여 성과주의에 따른 문제 정의가 이루어짐으로써 결국 개인과 기업 모두의 성장을 저해하는 경우를 종종 볼 수 있다. 우리가 가치 있는 문제를 해결하려는 것도, 문제를 더욱 정확하게 정의하려는 것도, 모두 개인 또는 기업이 올바른 길로 나아가고 성장하기 위한 여러 단계임을 잊지 말아야 한다.

하지만 성장이나 영감, 자극 등에 대한 큰 대의를 잃은 채 성과에만 급급하게 되면 결국 문제는 해결되었다 해도 아무것도 남지 않는 '소탐대실'의 모습이 나타나게 된다. 학창시절 성적은 좋았지만 행복하지는 않았고, 전쟁에서 승리는 했지만 남은 건 상처뿐이고, 돈은 벌었지만, 내 옆에 사람은 없는 상황이라고 말할 수 있다.

누구나 쉽게 올바른 문제 정의 세 가지 요소를 접할 수 있도록 플러스 알파를 더해 다시 정리해 본다.

1. Real : 진짜 (해결할) 문제인가?
2. Valuable : (누구에게) 많은 가치 창출이 가능한가?
3. Inspiring : 나에게 영감이나 자극(성장)을 주는가?

여러 가지 문제 정의 스킬

↓

POV Point of View

POV 방법의 목표는 공감 단계에서 사전 사용자의 관찰을 통해 파악된 고객 니즈를 종합해서 해당 프로젝트를 이끌어나갈 실제 실행 가능한 문제로 재탄생시키는 것이다.

진행 방법

해당 양식의 빈칸을 채워 넣는 방식으로 진행하면 된다. 적절한 질문을 찾기 위해서는 해결해야 할 사용자의 문제를 한 문장으로 정리하여 작성한다.

문장의 구조는 아래와 같은 3단계 구조로 작성한다.

User+Need+Insight : [사용자]는 [사용자의 필요]가 필요하다. 왜냐하면 [통찰]이기 때문이다.

POV 템플릿

재고 가능한 요구 사항	문제 설명 정의
사용자의 특성 (형용사로 표현) ex: 행복한, 높은 에너지, 사교적인, 달콤한…	구인광고 _____ 찾다 사용자의 설명
사용자의 니즈 (동사로 표현) ex: 사랑받는다고, 느끼고, 약혼하고, 즐기는 것.	_____ 사용자의 요구 _____ 찾다 사용자의 설명
통찰력 ex: 친구들과의 시간이 중요하며 온라인 소셜 네트워크는 사람들을 단절감을 느끼게 한다.	_____ 사용자의 요구

Tip : 문장들이 명료한지, 명확하게 표현되어 있는지 검토하고 가급적 템플릿 작성은 15분 정도의 시간을 사용한다.

관점 서술문

공감 단계를 통해 발견한 통찰을 간단한 문장으로 정리하는 과정이다. 사용자를 주어로 문제점과 사용자의 니즈^{needs}를 정리하는 방식이다.

진행 방법

아래 질문을 활용하여 유용한 관점서술문을 작성하면 된다.

- 사용자에 대한 공감과 이해를 표현하나요?
- 뻔하지 않은 통찰을 보여주나요?
- 다음 과정에 대한 방향성을 제시하나요?
- 분명하고 간결한가요?

관점서술문 양식

_____ 는
_____ 하므로
_____ 할 수 있는 방법이 필요하다.

> ex : 신입사원인 영희는
> 수줍음을 많이 타므로
> 고객에게 자신을 당당하게 소개할 수 있는 방법이 필요하다.

Why – How 사다리 타기

'왜-어떻게 사다리 타기'는 "어떻게 하면 좋을까?"라고 명확하게 질문함으로써 문제의 본질을 깊게 파고들어서 다양한 해결책으로 이끌고자 접합한 접근 방식의 도구이다.

권장하는 문장 구조는 아래와 같다.

- "어떻게 사용자들이 자신의 문제를 해결하고 목표를 달성하도록 [동사로 표현] 할까?"

  ex) 어떻게 강사들이 디자인씽킹을 어려워하지 않고 재미있고 효과적으로 강의할 수 있도록 도와줄 수 있을까?

이 외에도 마인드 매핑$^{Mind\ Mapping}$, 이해관계자 지도$^{Stakeholder\ Map}$, 3Why 방법 등이 있다.

- '왜?' 라는 질문을 하면 추상적이며, 창의적이고 유의미한 답을 얻을 수 있다.
- '어떻게?' 라는 질문은 좀 더 구체적인 답을 얻을 수 있다.
- 질문은 너무 광범위하지 않게 한다.
- 사용자 중심이 되어야 한다.
- 창의력을 활용할 수 있는 다양한 해결책의 가능성을 열어두어야 한다.
- '왜?'와 '어떻게?' 질문을 5~10회 정도 반복하여 사용한다.

마인드 매핑

마인드 매핑은 공감 단계에서 추출된 많은 양의 데이터를 기반으로 새로운 패턴을 찾아가는 과정이다. 보이지 않는 패턴과 의미를 수면 위로 드러날 수 있도록 하기 위해서는 데이터를 구조화해야 한다. 방법은 수집한 데이터 펼치기 – 사용자 초대하기 – 인상 깊은 내용 고르기 – 유사한 것끼리 묶어 주기 – 각 묶음을 요약할 수 있는 인사이트 도출하기 – 발견된 인사이트를 새로운 아이디어의 디자인 기준/조건으로 변환하기 순으로 진행한다.

마인드 매핑은 사용자들이 속마음을 쉽게 보이지 않기 때문에 가장 어려워하는 도구이다.

이해관계자 지도

각 이해관계자의 역할들과 상호 관계를 파악하여 프로젝트를 정의하는 방법이다. 문제의 전반적인 상황을 이해하는 데 도움이 된다.

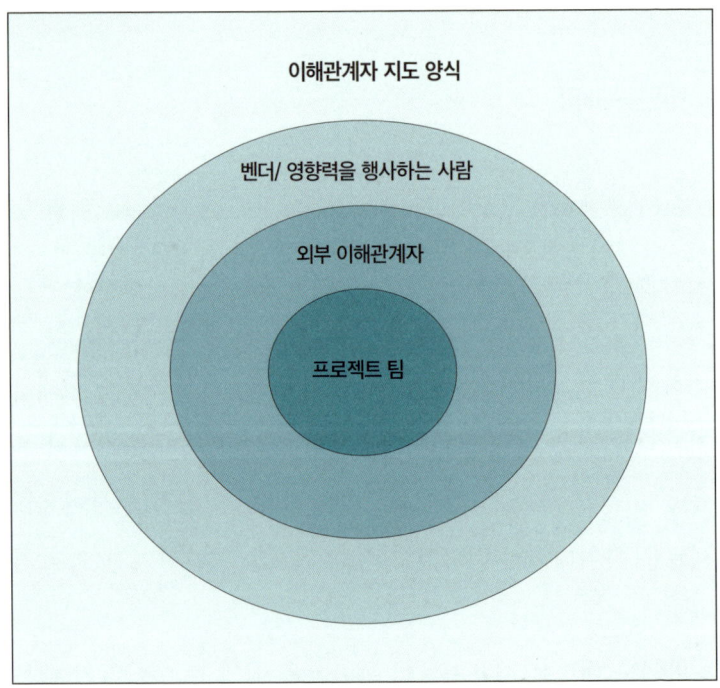

3 Why 질문

세 가지 질문에 대한 답을 해보면서 공감 단계의 결과를 더욱 깊은 수준으로 심화시켜 주는 도구이다.

3가지 질문

Who : 누가 문제를 겪고 있는지?
What : 무엇이 문제인지?
Why : 왜 문제인지 또는 왜 문제를 해결해야 하는지?

사용자를 관찰하며 활용하는 방법

Who : 어떤 사람인지 구체적으로 적는다.
What : 어떤 행동을 하는지 묘사하는 글을 최대한 많이 적는다.
Why : 마치 사용자가 된 것처럼 행동의 보이지 않는 이유가 무엇일지 추측해 본다.

3단계 : 아이디어 ideate

　출근하기 가장 싫은 월요일, 의미 없는 주간 회의를 시작한다. 회의실에서 유일하게 흘러나오는 한 사람의 목소리, 진행자이자 리더이신 팀장님.
　"자~ 이번 주에 해야 할 A 프로젝트에 관한 좋은 아이디어 있으면 자유롭게 말해봐~"
　회의실 안에는 정적이 흐른다. 어렵게 누군가 한 사람이 침묵을 깨고 발언하면 뒤이어 하나같이 새로운 아이디어를 내기보다 앞서 말한 사람의 의견에 좋고 나쁨을 이야기하기 바쁘다.

　사람들은 집단 또는 무리 속에서 무엇인가를 말하기 전에 수많은 생각을 한다. '이 사람들이 내 의견을 무시하면 어떻게 하지?', '내가 말하는 내용이 틀린 내용이면 어쩌지?', '괜히 이렇게 말했다가 나만 바보 되는 거 아니야?' 등 다른 사람들의 반응을 신경 쓰느라 자신의 의견을 묻어버리는 경우가 많다.

어떤 상황, 어떤 자리를 떠나 늘 평가받는 것에 익숙한 한국 사회에서는 자기 아이디어에 대해 마음껏 발언한다는 게 부담스럽게 느껴지는 것이 사실이다.

그렇지만 아이디에이션은 다른 사람들의 비판이나 평가를 신경 쓰지 않아도 된다. 퍼실리테이션의 철학처럼 '모든 아이디어는 동등하다.'이기 때문이다. 아이디에이션은 누구든지 자유롭게 자기 아이디어를 낼 수 있고, 그 아이디어에 대해 어떤 의도를 가졌는지, 왜 그렇게 생각을 했는지 물어보지도 따지지도 않기 때문이다. 아이디에이션은 가능한 한 많은 양의 아이디어를 모으는 것이 중요하기 때문이다. 어쩌면 그래서 디자인씽킹 5단계 중에서 가장 흥미롭고 쉽다고 느끼는 단계일 것이다.

아이디에이션은 이 두 단어만 기억하면 된다.

'확산' 그리고 '수렴.'

효과적인 아이디어를 모으기 위해서 첫 번째로는 최대한 많은 양의 아이디어를 쏟아내고, 두 번째로 쏟아낸 아이디어를 발전시키고 다듬어 주는 것이 필요하다는 얘기다. 우리나라 사람들이 어려워하는 것은 바로 전자다.

확산의 단계는 수렴의 단계와는 달리 맞고 틀림은 차치하고 우선 많은 양의 정보를 내어야 하는 게 우선이다. 하지만 앞서 이야기한 것처럼 우리 문화에서는 익숙하지 않다.

> **아이디에이션은 이 두 단어만 기억하면 된다.**
> **'확산' 그리고 '수렴'**

확산의 단계에서 많은 양의 아이디어를 쏟아내기 위해서는 사람들이 모두 당연하다고 생각하는 것에 대해 질문을 던져보는 것에서부터 시작하면 된다. 아이들을 키우는 부모 입장이라면 누구나 한 번쯤은 겪어봤을 것이다. 아이들이 발달 시기에 접어들면 하루에도 수십 가지의 질문을 늘어놓는다.

"엄마, 이 꽃은 왜 노란색이야?, 엄마, 강아지는 왜 멍멍하고 말해? 왜 사람처럼 말 못해?, 아빠, 왜 얼굴에 수염이 나?, 아빠 머리는 왜 엄마 머리보다 짧아?"

어른들에게는 너무나도 당연하다고 생각하는 것이 아이들 눈에는 모든 것이 새롭고 신기할 따름이다. 그에 질문들을 쏟아내면 어른들은 엉뚱하고 귀여워 웃음이 나오면서도 당연한 것에 대한 답을 해 주기란 쉽지 않다. 엉뚱한 질문 같지만, 우리가 찾는 답은 너무나 당연하다고 받아들이는 것에서 조금만 시선을 돌려 생각해보면 손쉽게 찾아갈 수 있을 것이다.

미국의 심리학자 조이 길포드Joy p. Guilford는 확산적 사고는 문제에 대하여 가능한 여러 가지 답을 다양하게 산출하도록 하는 사고의 유형으로, 자유로운 질문과 답을 좋아하며, 창의적인 유형을 말하는 것이라고 했다. 확산적 사고 기법에는 브레인스토밍, 브레인라이팅, 여섯 색깔 사고모자 기법, 스캠퍼, 마인드맵, 강제 결합법, 속성 열거법 등이 있다. 주어진 프로젝트의 진행 상황, 주어진 환경, 팀의 구성원 등 특성에 따라 적절한 확산적 사고 기법을 적용할 수 있다.

가장 보편적으로 많이 쓰이는 브레인스토밍 기법은 알렉스 오스본Alex Osborn에 의해 처음 소개된 기법으로 뇌에 폭풍을 일으킨다는 뜻이다. 그 어떠한 평가 없이 아이디어의 질을 고려하지 않고 머릿속에 떠오르는 대로 많은 양의 아이디어를 내게 하는 방법이다. 짧은 시간에 많은 아이디어를 생성하는 것이 목적이고 주로 집단 토의에서 많이 활용되고 있다.

또 다른 방법으로는 문제를 재 진술하고 문제의 속성을 찾아내 이를 자세히 열거하는 기법으로 속성을 새롭게 수정하거나 새로운 아이디어를 생성해내는 속성 열거법이 있다.

속성 열거법 사례

속성	가능한 변화
부러진다	연필심은 자주 부러진다. → 연필심을 보호하는 뚜껑을 단다.
길다	연필이 길면 필통에 들어가지 않는다. → 크기가 조절되는 연필, 크기가 적당한 길이로 유지되는 연필
딱딱하다	연필 표면이 딱딱해서 손이 아플 때가 있고, 겨울에는 차갑게 느껴진다. → 표면을 털로 입힌 연필

확산 단계에서 많은 아이디어를 창출하기 위해서는 편안한 분위기에서 무엇보다 서로의 아이디어를 존중하고, 그 아이디어를 바탕으로 사고할 수 있는 유연한 자세를 갖추어야 한다.

많은 아이디어를 쏟아냈으면 그 아이디를 잘 다듬어서 발전시켜 주어야 한다. 바로 수렴의 단계를 거치는 것이다. 수렴적 사고는 주어진 문제를 해결하기 위한 다양한 대안을 분석하고 평가하여 최종적으로 가장 적합한 아이디어를 선택하는 사고의 유형이다.

수렴적 사고 기법에는 하이라이팅, 역브레인스토밍, 평가 행렬법, 쌍 비교분석법 등이 있다.

보통 토론하는 현장에서 많은 아이디어의 우선순위를 정할 때 사용되는 기법은 평가 행렬법이다. 평가 행렬법은 제안된 아이디어들을 미리 정해 놓은 기준에 따라 체계적으로 평가하기 위한 기법이다. 평가하려는 아이디어들을 세로축에 나열하고 평가 준거를 가로축에 적어 행렬표를 만든 후, 각 기준을 토대로 모든 아이디어를 평가하는 방식이다. 물론 체계적인 만큼 시간과 노력이 소요되기는 하지만 평가기준을 마련하였기 때문에 우선순위를 정하는 데 있어 객관적으로 적용될 수 있다.

평가 행렬법 사례 (우선순위 결정하기)

평가 기준	경제성 (25점)	현실성 (20점)	효과 (25점)	안전성 (30점)	합계
아이디어 1 (매뉴얼 개발)	25	20	15	15	75
아이디어 2 (교육시스템)	20	20	20	25	85
아이디어 3 (교육 진행규칙)	22	20	20	20	82
아이디어 4 (교육 인원 조정)	25	20	15	10	70

창의력이라고 하면 사람들은 새로운 것을 만들어내는 능력이라고 정의한다. 그러나 새로운 것만 만들어 놓았다고 해서 창의성이 완성되었다고 단정할 수는 없다. 많은 아이디어를 쏟아

냈으면 제대로 분류하고 정리하여 결론을 도출해 내는 것 역시 중요하다. 그러기 위해서는 많은 아이디어 중에서 유용한 것을 골라낼 수 있는 수렴적 사고 능력도 길러야 할 것이다.

조직 또는 무리 속에서 프로젝트를 수행할 때뿐만 아니라 우리 일상에서도 순간순간 새로운 아이디어를 생성해야 할 때가 있을 것이다.

그때 처음 말했던 것처럼 '확산'과 '수렴'이라는 이 두 단어만 기억하자. 한 개의 아이디어에서 많은 양의 아이디어로 확산시키고, 확산된 아이디어를 정리하고 분류하여 개선, 보완시켜 주는 것이야 말로 창의적 사고를 길러주는 데 탄탄한 기둥이 되어 줄 것이다.

아이디어 확산과 수렴 도구

↓

아이디어를 생각하는 단계에서는 문제 정의를 바탕으로 사용자의 관점에서 가장 필요한 해결책을 찾는다.

브레인스토밍 Brainstorming

아이디어를 확산시키는 데 가장 많이 사용되며 효과적인 도구이다. 브레인스토밍의 가장 큰 목적은 짧은 시간 안에 최대한 많은 아이디어를 도출하는 것이다.

진행 방법

- 주제를 공유한다.

- 포스트잇과 네임펜을 준비한다.
- 브레인스토밍의 4가지 원칙을 설명한다.
- 포스트잇에 하나의 아이디어를 적어 공유한다.
- 필요시 목표량과 제한시간을 공유한다.
- 아이디어를 분류하고 좋은 아이디어에 투표한다.

아이디어 도출 규칙

① 모든 아이디어는 동등하다.
엉뚱하거나 특이한 아이디어라도 모두 좋다. 어떤 의견이라도 수용할 자세를 갖고 자연스럽게 창의적인 사고를 하게 한다.

② 질보다 양!
질 좋은 아이디어보다는 많은 양의 아이디어가 좋다. 평범한 아이디어라도 많은 사람과 공유하여 다른 생각이 있는지 나누다 보면 새로운 아이디어가 탄생할 수 있다.

③ 비판 금지!
아이디어를 내는 동안에 서로의 아이디어에 대한 평가나 비판은 하지 않는다. 평가나 비판하는 순간부터 아이디어를 내

기 두려워 한다.

④ 한 번에 한 개의 아이디어를 다룬다.

⑤ 결합 개선
많은 아이디어가 결합하면 더 좋은 새로운 아이디어로 탄생한다.

브레인라이팅 Brain writing

주어진 주제에 자기 아이디어를 적은 다음 타인에게 전달하여 타인이 자기 아이디어를 참고하여 새로운 아이디어를 추가하는 도구이다.

진행 방법

- 참가한 인원을 6명의 그룹으로 편성한다.
- 6-3-5 양식을 제공한다.
- 5분 동안 3개의 아이디어를 첫 줄에 적게 한다.

- 5분이 지나면 옆 사람에게 작성한 종이를 전달한다.
- 먼저 작성한 아이디어를 참고하여 다음 줄에 세 개의 아이디어를 추가한다.
- 공란을 채울 때까지 반복한다.
- 각자가 가지고 있는 시트의 내용을 참가자들에게 공유하여 평가시키고 좋은 아이디어를 5개 정도씩 뽑는다.

6-3-5 양식

주제 (또는 문제 진술)

순서	A	B	C
1			
2			
3			
4			
5			
6			

스캠퍼 SCAMPER

기존의 아이디어를 7가지 단어를 가지고 발전시키기 위해 보다 구조화된 방법으로 아이디어를 창출하는 도구이다.

7가지 단어

Ⓢ 대체하기 Substitute

Ⓒ 결합하기 Combine

Ⓐ 적용하기 Adapt

Ⓜ 수정하기 Modify, 확대하기 Magnify, 축소하기 Minify

Ⓟ 다른 용도로 사용하기 Put to other uses

Ⓔ 제거하기 Eliminate

Ⓡ 재정리하기 Rearrange, 순서 바꾸기 Reverse

진행 방법

- SCAMPER를 기반으로 질문을 하여 아이디어를 도출하도록 한다.
- 위의 단어의 순서와 관계없이 결부되는 아이디어를 내도록 한다.
- 질문에 근거한 가능한 많은 아이디어를 만든다.

> **TIP**
>
> 한쪽 벽면을 활용하여 글자 별로 차트를 만들어 놓고 참여한 사람들이 자유롭게 각 해당 글자에 아이디어를 작성하도록 운영하면 시간을 단축하여 진행할 수 있다.

HMW 질문법 How Might We Question

"우리라면 무엇을 할 수 있을까?" "어떻게 했을까?"라는 질문에 답하며 문제를 해결할 다양한 아이디어를 생각해보는 도구이다. HMW 질문법은 실현 가능한 아이디어가 도출될 경우 가장 효과적인 해결책을 찾을 수 있는 방법이다. 주의할 점은 너무 넓은 질문이거나, 너무 좁은 질문이 나오지 않도록 하는 것이다. 전체적으로 효과가 낮을 수 있기 때문이다.

육감도 확산법

하나의 중심이 되는 아이디어를 선택하여 추가 발전시키거나 파생 제품을 개발하기 위해 육감을 결부시키는 연상 도구이다.

진행 방법

- 선정된 주제(아이디어)를 육감도 중앙에 그려 넣는다.
- 각 감각을 생각하면서 제품을 개선하는 방법을 생각한다.
- 작업이 종료되면 평가 방법을 이용하여 최선의 아이디어를 선택한다.

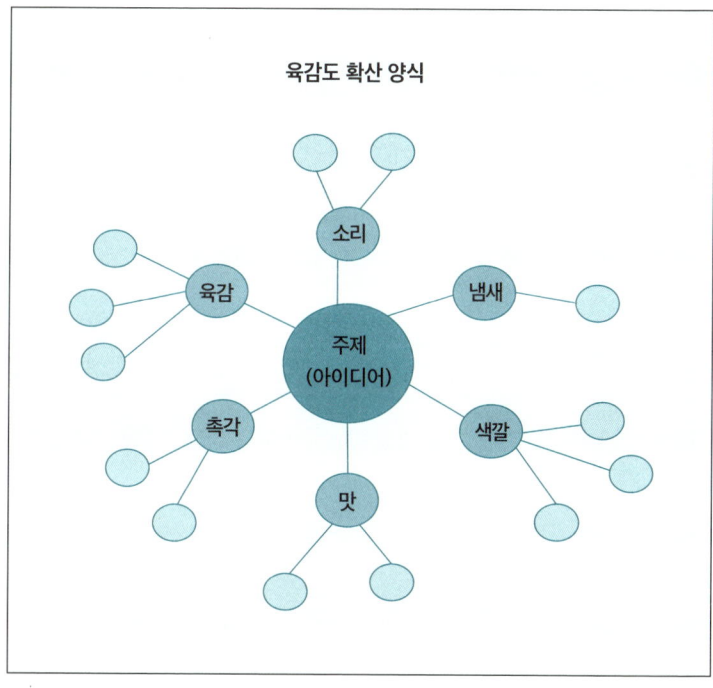

4단계 : 프로토타입 Prototype

↓

디자인씽킹 개발자인 피오르^{Fjord}의 관리이사 셸리 에번슨은 "새로운 상품이나 서비스 기획, 관련 기술 개발 활동에 고객의 시각을 반영하는 것도 디자인씽킹으로 볼 수 있다"고 언급하기도 했다. 이것이 바로 프로토타입 단계이다.

혁신적인 아이디어와 제품은 사실 말과 글로는 이해하기가 어렵다. 그러므로 그것을 시각적으로 경험할 수 있는 유형의 물체나 디지털 방식으로 구체화하는 것을 프로토타입이라고 한다. 선정된 아이디어에 대한 확신을 갖기 위해서는 반드시 프로토타입을 만들어야 한다.

프로토타입을 만드는 것은 어렵지 않다. 개념을 잘 몰라서 그렇지 우리는 일상생활에서 프로토타입을 많이 만들어 봤고, 경험해 왔다. 어린 시절 가지고 놀던 레고 블록 놀이를 생각해보

자. 무엇인기를 만들었다 다시 원상복구를 시키고 또 다른 모양으로 만들어보기를 반복하는 놀이다. 이뿐만 아니라 어른이 되어서는 여행을 가기 전에 설레는 마음으로 여행지에서 어떤 것을 먹고, 어디를 다닐 것인지 등의 계획을 세운다. 물론 사람의 유형에 따라 다르지만, 대부분 사람이 머릿속에 출발하기 전 자기 나름대로 상상의 나래를 펼쳐본다. 이런 것들의 경험이 모두 우리가 일상에서 겪는 프로토타입이다.

프로토타입을 만드는 데 있어 겁을 낼 필요는 없다. 프로토타입은 결코 정교할 필요도 없고, 완벽하지 않아도 된다. 말 그대로 완제품을 만들어내는 것이 아니라 시제품을 만들어내는 것이다. 좋은 아이디어가 떠올랐다면 그냥 우선 만들어보는 것이다. 그리고 주변 사람들의 의견을 많이 물어본다. 혹여나 사람들의 반응이 좋지 않더라도 걱정할 필요 없다. 사람들의 반응이 좋지 않다는 것은 그만큼 개선해야 할 점을 미리 찾았다는 거니까 좋은 징조이다. 사람들의 반응을 편견 없이 받아들이는 마음가짐만 잊지 말자.

최근 지인이 투자한 카페가 임시로 오픈하여 전문가의 점검을 받고 싶다는 연락을 받았다. 기쁜 마음으로 카페 문을 열고 들어가는 순간 동생과 나는 마주 보며 "이건 뭐지?"라는 반응을 동시에 보였다. 너무나도 넓은 매장에 휑하니 테이블 세팅만 되어 있고 중간에는 인테리어를 하다 중단한 상태로 청소도구와 지저분한 것들이 널려 있었다. 아무리 가오픈한 상태라고 하지만 너무했다 싶을 정도로 카페 상태는 엉망이었다. 애써 실망한 표정을 감추고 동생과 겨우 주문하고 한쪽 테이블에 자리 잡고 앉아 지인이 오기를 기다렸다. 잠시 후 지인이 도착하여 카페에 대한 의견을 물어보기에 분석 내용을 가감 없이 들려주었다. 지인은 해당 내용을 실제 운영자에게 전달하였지만, 그들은 그 의견들은 전혀 수렴하지 않고 결국 본인들의 의견대로만 진행해 나갔다.

이것은 프로토타입의 전형적인 실패 사례라고 볼 수 있다.
프로토타입의 가장 중요한 목적은 사용자에게 피드백을 받기 위한 것이다. 아이디어가 잘못된 점은 없는 것인지, 실제 사용자가 원하는 것과 다르게 적용된 곳은 없는지 등을 고려해 최소한의 형태로 사용자의 피드백을 받고 개선하고 보완할 수 있는 단계가 바로 프로토타입 단계이다. 그런데 앞서 이야기한 카페 사례처럼 주변 사람들의 피드백을 전혀 고려하지 않고 자신들의 의견만 내세운다는 것은 아이디어의 성장을 방해하는 것이다.

교육 분야에서 프로토타입의 중요성과 관련해서 잘 알려진 마시멜로 게임이 있다. 교육하는 환경이나 대상에 따라 조금 다를 수 있지만 보편적인 게임의 규칙은 아래와 같다.

1. 팀으로 운영한다. (적정 팀원 4 ~ 6명)
2. 마시멜로 한 봉지, 30개의 스파게티 생면을 팀별로 제공한다.
3. 주어진 재료로 가장 높게 탑을 쌓는 팀이 우승
4. 교육장 내 벽이나 천정을 지탱해서 만들면 무효
5. 시간제한 20분

생각하기에 매우 쉬워 보이는 게임이지만 실제 참여해보면 결코 쉽게만 느껴지지는 않는다. 변호사, MBA, 유치원생 등 여러 그룹으로 구성된 참가자들과 이 게임을 진행해 보면 매우 재미있는 상황을 볼 수 있다.

성인 참가자들은 대부분 게임 처음 시작할 때 앉아서 어떻게 높게 쌓을 것인지 계획부터 세우기 바쁘다. 반면, 유치원생들은 누가 먼저라고 말할 것 없이 서로 높게 탑을 쌓기 바쁘다. 결과는 어떠할 것 같은가? 가장 성공한 그룹은 바로 유치원생이다. 유치원생들이 쌓은 탑을 보면 높기도 하지만 가끔은 상상을 초월하는 디자인의 탑도 나온다.

게임을 시작하기 전에는 변호사나 MBA 그룹과 같은 전문가들이 주축이 된 성인이 당연히 가장 높게 탑을 쌓을 것 같다고 생각할 것이다. 그러나 대부분 성인은 주어진 문제를 해결할 때 하나의 정해진 답을 찾는 것으로 훈련받아왔기 때문에 계획 수립하는 데 많은 시간을 투여한다. 반면, 유치원생들은 이런 훈련에 적응되지 않았기 때문에 게임을 시작한 처음부터 탑을 높게 세우려고 시도하기를 반복하는 것이다.

이처럼 프로토타입은 성인들의 정해진 틀은 내려놓고 아이들의 관점으로 빠르게 시도하고, 새롭게 시도하고를 반복하는 것이 중요하다.

프로토타입 단계에서는 이것 3가지를 꼭 기억하자.

'시각화', '경험', '평가'

'시각화'하는 작업에서는 아래 두 가지의 핵심 포인트를 유념하면 된다.

신속하고 저렴하게!

"프로토타입은 쓰레기통 옆에서 만드는 것"이라고 말할 정도로 생각나는 대로 만들고 쉽게 버릴 수 있어야 한다.

대부분의 사람들은 시제품을 만들 때도 무의식적으로 예쁘게

질 만들어야 한다는 생각에 수없이 고민하고 실행에 옮긴다.

하지만 앞에서도 계속해서 강조한 것처럼 프로토타입은 사람들의 피드백을 받는 것이 목적이므로 생각나는 대로 만들어 보고 수정하는 작업을 반복해야 한다.

완벽한 것은 없다!

처음부터 모든 것이 완벽할 수는 없다. 사용자들이 제품에 대해 어떤 경험을 할 수 있을지 이해할 수 있는 정도면 된다. 처음에는 별다른 기대 없이 시작해야 실패에 대한 부담을 줄일 수 있다.

'경험'과 '평가' 작업 시에는 사용자가 장점, 단점을 모두 말할 수 있게 하고, 피드백 내용을 열린 마음으로 수용할 수 있도록 한다.

끊이지 않고 빠르게 변화하는 산업 환경 속에서 점점 세분되는 고객 니즈에 대응하는 혁신적인 방법을 찾기 위해서는 프로토타입을 통해 아이디어의 모호한 측면을 해소하고 발전시킬 수 있어야 할 것이다.

5단계 : 테스트 Test

↓

요즘 관심 있게 보는 TV 프로그램 중 하나가 '자본주의학교'라는 프로그램이다. 경제 관념이 부족하고 자유분방한 10대들의 경제생활을 관찰하는 신개념 경제 관찰 예능프로그램이다. 소비부터 투자, 창업까지, 아이들은 '자본주의 학교'에서 어떤 방식으로 자본주의 세계의 생존법을 터득해 나가는지 관찰하는 프로그램이다.

우리나라도 점점 빈부격차가 심해지고 어릴 적부터 재테크를 시작하는 아이들이 늘어나면서 아이들의 경제관념을 키워주기 위한 부모들의 관심도 매우 높아졌다. 필자도 부모의 입장이다 보니 이러한 프로그램에 시선이 더욱 끌렸다.

이 프로그램을 처음 보게 된 것은 올해 초 설날 특집 2부작 프로그램이었다. 정규 편성 프로그램이 아닌 파일럿 프로그램이었다.

 언제부터인가 명절 때가 되면 어김없이 TV에서 등장하는 프로그램이 있다. 특별기획 파일럿 예능 프로그램이다. 정규 프로그램으로 편성하기 전 시청자들의 반응을 먼저 체크하고 의견을 수렴하기 위함이다. 많은 제작비와 시간, 인력이 투자되어야 하는 프로그램인 만큼 신중한 검토가 필요하기 때문이다. 또한 지상파 방송뿐만 아니라 여러 종편 방송이 자유롭게 방영되면서 시청자들의 선택을 받기 위해서는 사전 점검은 이제 선택이 아니라 필수가 되어 가고 있다.

 이처럼 유사품이 쏟아져 나오는 경쟁 시장 구도 속에서 사용할 대상자들의 선택을 받기란 결코 쉬운 일이 아니다. 또한 사용할 대상자들의 수준이 높아졌을 뿐만 아니라 직접 제작에 참여하는 일도 많아졌기 때문이다.
 디자인씽킹 테스트 단계에서는 프로토타입에 대한 의견을 제품이나 서비스와 관련된 다양한 이해관계자들로부터 의견을 수렴하는 과정이다. 여기서 이해관계자라 하면 해당하는 제품이나 서비스를 사용할 대상자뿐만 아니라 그 제품이나 서비스를 만드는 사람, 투자자 등 해당하는 제품이나 서비스에 관련된 모든 사람을 의미한다.
 테스트는 프로토타입과 함께 디자인씽킹에서 반복되는 단계이다. 테스트 단계의 목적은 프로토타입이 의도한 대로 잘 만들어졌는지 검토하는 단계로서 다양한 의견들을 수렴하여 프로토타입을 개선하는 것이다. 다양한 피드백을 통해 공감 단계로 다시 돌아갈 수도 있고, 문제 정의나 아이디어 단계로 다시 돌아갈 수도 있다. 테스트를 통해 전반적인 디자인 사고를 검토해 볼 수 있는 과정이라 생각하면 된다.

테스트 단계에서 중점을 두어야 할 사항은 3가지이다.

1. 사용할 대상자의 요구를 얼마나 잘 반영하고 있는가?
2. 얼마나 창의적이고 혁신적인가?
3. 적절한 비용인가?

위의 사항들을 객관적으로 평가하기 위해서는 일정한 평가 기준을 수립하고 검토할 수 있는 체크 리스트를 활용하면 향후 개선할 목록을 작성할 때 도움이 된다. 특히 사용자를 대상으로 하는 테스트에 있어서 가장 중요한 것은 중립적인 테스트 환경을 구성하는 것이다. 가끔 홈쇼핑을 보다 보면 쇼 호스트들의 설명에 푹 빠져들 때가 있다. 사용자들이 제품의 사용 경험에 대해 이야기할 때다.

반면 쇼호스트들이 자신의 사용 경험에 대해 이야기할 때도 많은데, 그러나 그것은 실제 사용자가 아닌 판매자 입장의 의견이기 때문에 객관적으로 해당 상품을 판단하기는 어렵다.

그래서 테스트 단계에서는 사용할 대상자들의 실제 생활에서 프로토타입을 어떻게 경험하는지를 객관적으로 이해하는 것이 중요하며 꼭 필요하다.

테스트를 좀 더 효과적으로 진행하기 위해서는 몇 가지 주의해야 할 점이 있다.

첫 번째로는 프로토타입에 대해 평가를 하는 것이라는 사실을 기억하자.

사람들은 무의식적으로 누군가가 자신의 의견을 발표하면 내용보다 발표자에 대한 평가로 이어지는 경우가 많다. 그러나 테스트를 효과적으로 진행하기 위해서는 프로토타입의 객관적인 평가가 필요하다는 사실을 잊지 말아야 한다.

두 번째로는 실제 시연하는 과정을 보여주는 것이다. 그 과정을 통해 프로토타입을 경험하게 하고 판단하게 할 수 있는 기회를 제공해 주는 것이다. 테스트 참여자들에게 물론 구두로 설명하겠지만 실제 시연하는 과정을 보여주고 참여자들의 이해를 높여주는 것이 좀 더 정확한 테스트를 할 수 있게 만들어 준다.

세 번째는 테스트 과정에 대한 기록을 어떻게 할 것인지 준비해야 한다.

전반적인 과정에 있어서 누가 어떻게 관찰할 것인지, 촬영해야 한다면 어떤 방법으로 누가 담당할 것인지 등 세부적으로 방법과 담당 역할을 정하고 연습해야 한다.

마지막으로 테스트에 참여한 사용자에게 프로토타입과 테스트의 배경 및 목적을 설명해 주는 것이다. 이때 너무 상세한 설명은 외려 중립성을 훼손시킬 수 있다는 사실을 기억하자.

테스트 단계에서 프로토타입을 변경하고 수정하는 것을 두려워하지 말자. 설사 그 과정에서 처음 공감하기부터 다시 시작해야 하더라도 절대 두려워하지 말고 오히려 감사하자. 완성품으로 출시된 이후 문제점이 발견됨으로써 모든 것이 물거품이 되고 시간과 노력, 경제적인 부분에 있어서 엄청난 손해를 겪는 것보다는 훨씬 낫지 않은가?

우리나라의 도자기 장인들을 보면 가끔 이해할 수 없는 행동을 할 때가 있다. 흙을 고르는 순간부터 시작해 손수 물레질을 해가며 온갖 정성을 다 들여 빚어낸 도자기를 가마에서 꺼내 확인하고는 그 자리에서 가차 없이 깨는 경우가 종종 있다. 일반인의 눈으로는 전혀 발견하지 못한 아주 작은 흠집이나 실수가 발견되면 과감히 깨트려 없애 버린다. 몇 날 며칠, 수 개월을 공들인 노력을 전혀 아까워하지 않고 바로 다시 시작하는 장인들의 정신이 고스란히 담겨 있기 때문에 그들 작품의 가치가 더욱 빛나는 것이 아닐까 싶다.

끊임없이 변화하고 수많은 제품의 경쟁 속에서 사용자들의 선택을 받기 위해서는 언제든지 처음부터 다시 시작할 수 있는 장인의 정신으로 최종 결과물을 수정할 수 있는 과감한 용기와 결단력이 필요하다.

그 누구도 완벽한 제품을 만들어낼 수는 없다. 그러나 테스트를 두려워하지 않고 진정으로 즐기는 자는 사용자에게 선택받을 수 있는 제품을 만들어낼 수 있다.

프로토타입 & 테스트 도구

↓

ERRC

ERRC는 Eliminate/ Reduce/ Raise/ Create의 약자로 비용 절감과 가치 향상을 동시에 할 수 있도록 점검하는 방법이다.

ERRC 양식

Eliminate (제거할 것은 무엇인가?)	Raise (증가시켜야 할 것은 무엇인가?)
Reduce (줄여야 할 요소는 무엇인가?)	Create (창의적인 방법은 무엇이 있을까?)

스토리보드

프로젝트를 개발하기 전 조직의 방식, 프로세스, 서비스 등과 관련된 사용자 경험을 종합하여 정리하여 시각적으로 나열하는 도구이다.

진행 방법

- 스토리보드의 주제가 될 사용자의 경험을 선택한다.
- 프로젝트에 참여한 참여자 모두에게 같은 크기의 칸 6개로 지면을 나눈 A4 용지를 나누어 주고 참가자들이 제품의 기능과 사용자의 경험을 주어진 양식에 여섯 단계로 도식화하게 한다.
- 스토리보드를 참여자에게 공유시키고 비교하여 평가하게 한다. 차별성 있는 스토리보드가 있는지? 공통으로 보이는 단계가 있는지? 잘 이해하지 못하는 단계가 있는지? 등을 평가한다.
- 가장 적합하고 타당한 최종 스토리보드를 결정하기 위해 참여자들에게 투표시킨다.
- 선택된 스토리보드를 갖고 다시 한 번 토론을 한다. 스토리보드를 선택한 이유, 어떤 단계들이 중요한지 등을 토론하여 최종 스토리보드를 팀과 함께 완성한다.

가치 제안 캔버스

프로토타입을 할 때 구체적으로 정리하고, 사용자에게 적용되는지 3단계에 걸쳐 확인하는 도구이다.

1단계 : 사용자

- Customer jobs : 사용자의 니즈, 해결하고 싶은 문제, 욕구 등
- Pains : 사용자가 제품/ 서비스를 이용할 때 느끼는 불편이나 문제
- Gains : 사용자가 얻고 싶어 하는 것

2단계 : 프로토타입

- Product & Services : 제품/ 서비스의 특징
- Gain Creators : 사용자가 새로 얻게 되는 이익이나 경험하게 되는 것
- Pain Relievers : 이전에 예상되었던 불편이나 문제를 해결해 주는 것

3단계 : 가치 제안 확인하기

2단계를 통해 정리한 프로토타입의 특성이 1단계의 사용자 특성과 잘 맞아 떨어져 새로운 가치를 제안하고 있는지 확인해 본다.

- 사용자가 필요한 부분이 프로토타입에 반영되었는가?
- 사용자의 불편이나 문제가 해소되었는가?
- 새로운 이익이 발생하거나 사용자의 경험이 개선되었는가?
- 유사한 대체재가 이미 존재하는가?

피드백 받기

사용자에게 솔직한 피드백을 수집하기 위해 질문을 활용하여 정리한다.

1단계 : 질문하기

- 무엇이 좋았는가?

- 아쉬운 점은 무엇이었는가?
- 무엇이 궁금한가?
- 만약 … 하다면 어떨까?
- 어떻게 …을 개선할 수 있을까?

2단계 : 피드백 받기

피드백은 1인칭으로 답할 수 있도록 요청한다.
- 나는 …이 개선되었으면 좋겠다.
- 나는 …가 좋았다.
- 나는 …이 궁금하다.

3단계 : 피드백 정리하기

A4용지를 4칸으로 나누어 정해진 기준을 참고하여 정리한다.

① 긍정적인 면(사용자가 좋아한 것)
② 건설적인 비판(부정적인 반응, 피드백)

③ 프로토타입에 대한 질문(사용지기 이헤하지 못한 것들을 질문한 내용)

④ 새롭게 떠오른 아이디어(사용자가 제안한 것)

사용자별로 각자 피드백 양식을 정리한 후 중복되는 내용 또는 공통점, 색다른 피드백을 찾아내어 정리한다.

디자인씽킹 사례 모음

'한 번'의 성공 경험이 중요하다 :
○○군 청소년참여위원회

　몇 년째 출강하고 있는 ○○군의 청소년참여위원회의 회의시간. ○○군 청소년참여위원회는 ○○군의 청소년 정책을 만들고 추진해가는 과정에 청소년이 주체적으로 참여할 수 있도록 마련된 제도적 기구를 뜻한다. 매해마다 상황은 약간씩 차이가 있었으나 꽤 많은 ○○군 청소년들이 적극적으로 참여하고 활동하는 기구이다.

　이들이 가장 중점적으로 고민하고 해결하고자 하는 주제는 바로 '○○군 청소년 생활환경 개선'이다. 청소년 스스로 본인이 사는 고장의 청소년 생활환경에 대해 고민해보고 해결책을 찾아 정책으로 제안하는 것이 이 기구의 핵심 활동이라 볼 수 있다.

　군에서 진행하는 것이고, 재기발랄한 청소년들이기에 성인 퍼실리테이터가 진행하기 수월하다고 생각하면 큰 오산이다. 이 청소년참여위원회 회의에 처음 참석한 청소년들이 가장 먼저 보이는 반응은 부정적 생각과 발언 또는 침묵이다. 물론 이런 상황을 처음 겪는 진행자라면 당황하겠지만 이는 아주 간단하게 해결할 수 있다. 그냥 지금의 상황을 모두가 알고 모두가 느끼게만 해 주면 된다. 하얀 백지에 현재 상황을 그리게 하였더니 아래와 같이 그렸다.

 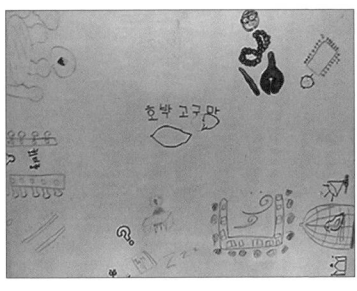

1조의 그림   2조의 그림

1조에서는 대부분 아이들이 가운데 떡하니 '임원'이라고 적고 나머지 참석자들을 작게 그려 놨다. 결국 그동안 해왔던 회의나 지금의 회의나 어차피 임원(강자)이 주축이 될 것이며 그 이외의 사람은 들러리임을 표현한 것이다.

2조는 가운데 호박고구마를 그렸다. 아무리 얘기해도 호박고구마처럼 답답한 현실은 바뀌지 않을 것이라는 걸 나타냈다. 이럴 때 이것을 바로 타파하려고 노력하는 것보다는 왜 그렇게 생각하는지 다시 한 번 얘기를 나누어봐야 한다. 그랬더니 아래와 같은 답변이 돌아왔다.

"말하는 사람들만 줄곧 이야기한다."
"내 의견을 무시할까봐 겁이 난다."
"힘 있는 자(임원)의 결론을 따라간다."
"답은 이미 정해져 있다."
"어차피 이야기해도 바뀔 수 있는 것이 없다."

위와 같은 부정적 경험이 축적되어 있다 보니 큰 기대 없이 첫 회의에 참석하게 된다. 따라서 이런 부정적인 경험을 '긍정적인 경험'으로 바꾸어 줄 수 있는 '한 번'의 경험이 중요하다. 그 첫 단추가 바로 현재의 장애물을 공유하는 것이다.

위의 방법처럼 과거부터 이어온 부정적 경험으로 인해 스스로가 가지고 있는 현상을 공유하기만 하더라도 서로가 서로를 정확히 바라볼 수 있는 계기가 된다. 임원은 스스로 '내가 그렇게 독단적이었나?'라고 생각하게 될 것이며, 주최 측 이해관계자 입장에서는 이미 결론을 내놓고 위원회를 시작한 것은 아닌지 돌아보게 될 것이다.

또한 청소년 또래 집단의 특성상 남녀 친구들이 쉽게 섞여서 이야기하기를 꺼려하는 분위기도 지배적이다. 그래서 청소년 친구들을 만날 때에는 그 어떤 과정보다도 협업할 수 있는 분위기 조성에 신경을 많이 쓰는 편이다. 요즘 친구들이 좋아하는 게임을 통한 퀴즈도 좋고 공통 사항을 찾아낼 수 있는 '인터뷰 게임'이나 '남이 그려주는 자화상'도 좋은 효과를 발휘한다. 특히나 '자화상 그리기'의 경우 말하는 것에 대한 부담을 줄여주면서 '관찰'의 중요성도 일깨워 줄 수 있기 때문에 자주 사용하는 장치이기도 하다.

다른 사람이 그려주는 '자화상' - 나로 말할 것 같으면

위에 했던 장애물 공유와 더불어 관찰이 가져다주는 효과는 상당하다. 디자인씽킹은 기본적으로 혼자가 아닌 여럿이 함께 하기에 참석한 사람들에 대한 공유 부분이 중요하다. 지금 참석하고 있는 내가 상대에 대해서 어떻게 느끼는지를 공유하고, 마

찬가지로 상대가 나를 어떻게 바라보는지를 서로 알게 되면 이 과정은 시작할 수 있게 된다.

장애물에 대한 공유와 상대에 대한 관찰, 이 두 가지만 가지고도 우리는 과정에 대한 '선입견'을 버릴 수 있게 된다. 이 위원회를 진행해봤자 달라질 것은 없을 거라는 선입견, '앞에 앉은 사람이 내 의견을 무시하지 않을까?' 하는 선입견 등이 결국 동력을 잃게 만드는 첫 번째 요소이기 때문이다.

위원회에 대한 그릇된 인식과 참여한 구성원들에 대한 이유 없는 평가절하가 이어지면 위원회가 추구해야 하는 방향성을 잃게 된다. 따라서 이런 불확실성과 의심을 걷어낼 수 있는 한 번의 성공 경험이 중요하다는 것을 알아야 한다.

앞서 소개했던 디자인씽킹 도구, 과정과 더불어 뒤에 소개될 각종 사례들의 결과물 역시 이 부분이 먼저 해소되었기에 가능했다. 선입견 대부분은 불충분하고 부정확한 사실이거나 일시적 감정에 의해 기인하는 경우가 대부분이기 때문에 간단한 장치를 통해서 '긍정적 경험'을 제공하는 데 노력을 아끼지 말아야 한다.

이와 같은 장치로 부드러운 분위기가 만들어진 뒤에는 기존 '회의'가 가진 문제점을 극복하는 방법인, 디자인 씽킹을 기반으로 하는 '자발적 회의(퍼실리테이션)'에 대해서 풀어낸다. 처음에는 대부분 정말 회의가 '자발적'으로 이루어질 수 있을까? 하며 우려를 표현하지만 회의가 진행될수록 깊이 있고 공감할 수 있는 서로의 이야기에 저절로 고개를 끄덕거리게 된다. 나아가 혼자가 아닌 함께 문제를 해결할 수 있게 된다.

모든 의견은 동등하고 귀중하다 :
○○시 어린이 의회

⬇

　전국에 있는 어린이 의회의 경우 초등학교 1~6학년까지의 다양한 나이로 구성되어 있고, 개인별 회의 경험치가 다르다 보니 그 어떤 조직보다도 회의 진행에 신경 써야 하는 부분이 많다. 더욱이 새로운 방식을 통해 회의를 진행하기 위해서는 분위기 조성에도 신경 써야 하는데, 앞서 이야기한 1번 사례를 활용하는 등 회의 분위기 만들기에 적극적으로 노력해야 한다. 일정 시간이 지나 어느 정도 분위기가 무르익으면 그 다음으로 신경 써야 하는 부분이 바로 '아이디어 발산'이다.

　익숙하지 않은 회의 방식을 통해 아이디어가 잘 나오게 하기 위해서는 전제되어야 하는 약속이 있다. 바로 '모든 아이디어의 동등함과 귀중함'에 대한 인식을 미리 심어줘야 한다. 내가 어떤 의견을 내더라도 비난받지 않고 인정받을 수 있다는 분위기가 필요한 것이다. 회의가 진행되는 장소에 해당 약속을 적어서 보여주는 것도 필요하며 이 약속을 인식하고 지킬 수 있도록 함께 자주 읽는 것도 좋다.

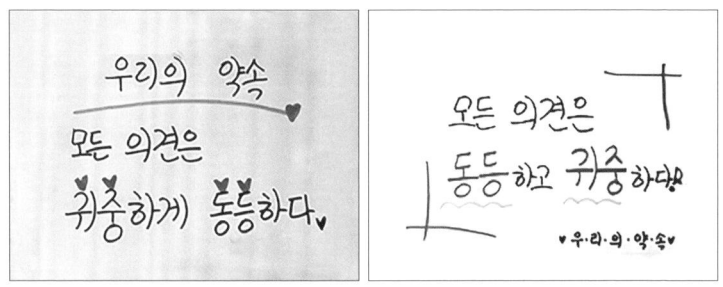

강의장에 부착된 '우리의 약속 : 모든 의견은 동등하고 귀중하다

이렇게 '우리의 약속'이 전제되어 편안해지는 분위기가 조성되면 '아이디어 발산' 도구를 사용하여 충분한 의견을 낼 수 있도록 이끌어 주면 된다. 가장 자주 사용되는 방식은 '브레인스토밍'과 '브레인라이팅'이다.

'브레인스토밍'은 말 그대로 어떤 문제의 해결책을 찾기 위해 여러 사람이 모여 생각나는 대로 자기 생각을 쏟아내는 방식이다. 포스트-잇에 자기 생각을 차곡차곡 적은 뒤 다른 사람의 의견을 모두 모아 수렴하는 과정을 거치게 된다. 참가 인원수에 따라 조금은 다르겠으나 보통 한 가지 주제에 대해 1인당 8개 이상의 의견을 내는 것이 가장 좋다. '브레인라이팅'의 경우 '브레인스토밍'에서 세분화된 방식으로, 해당 주제에 대한 3가지 의견을 5분 이내에 기록하고 옆 사람에게 돌려가며 추가 의견을 적어내는 방식이다. '브레인라이팅'을 사용하게 되면 '브레인스토밍'에 비해 고민하는 시간을 줄일 수 있는 장점이 있다. '브레인스토밍'과 '브레인라이팅' 방식을 사용할 때 가장 중요한 것 2가지는 '자유로움'과 '기다림'이다. 그 어떤 의견도 수용될 수 있다는 긍정적인 분위기와 다소 시간이 걸리더라도 기다려주는 여유로움이 필요하다.

하지만 이런 노력에도 불구(?)하고 처음 접하는 회의 방식이 익숙하지 않다 보니 포스트-잇과 매직만 붙잡고 있는 친구들도 더러 있다. 이럴 때는 자연스럽게 "옆 사람이 어떻게 썼는지 봐도 됩니다." 의견도 "진짜 모르겠으면 '모름'이라고 적어도 괜찮아요." "옆 친구와 의견이 비슷하다? 그럼 내 의견도 같게 작성해도 됩니다." "우리 조에서는 더 이상의 의견이 없다? 그러면 옆 조에 살짝 가서 보고와도 됩니다." 등의 멘트를 통해 부담을 줄려 줘 충분한 의견이 나올 수 있도록 이끌어 주는 것도 필요하다.

하지만 몇 해 전 회의에서는 이 방법도 통하지 않아 '질보다 양'의 법칙을 적용한 적이 있다. 물론 디자인씽킹을 통한 자발적 회의는 '질보다 양'을 기본적으로 추구하는 방식이지만 구체적인 수치의 '양'을 제시하는 방법을 사용하였다.

조별로 '해당 주제와 관련된 것 50가지 이상 찾기'를 주문하자 여기저기에서 불만이 쏟아져 나온다.

"아~ 선생님. 지금도 몇 개 못 찾았는데 그 많은 걸 어떻게 찾아요?"

"안 돼요. 안 돼~ 이게 되겠어요? 선생님이 한번 해보세요!"

갖가지 불만이 쏟아져 나왔지만, 일단은 해보고 안 되면 다른 방법을 찾아보자며 이끌었다. 처음에는 머뭇거렸지만, 자기들 스스로 기존에 나왔던 의견을 검토하고 그 의견에 추가 의견을 덧붙여가며 어느 정도 시간이 흐르자 그들 자신도 깜짝 놀랐다. 그날 모인 의견은 조별로 50개를 훌쩍 넘긴 60~70개에 이른 것이다. '진짜 이게 정말 되는구나.' 라는 자신감을 느끼는 동시에 마음 한편에 가지고 있던 '의구심'과 '불안감'을 떨쳐내는 순간이기도 하다.

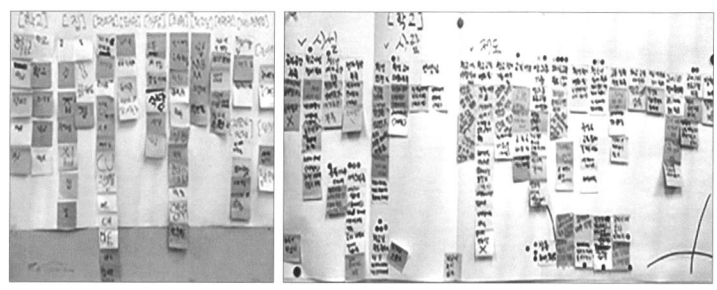

브레인스토밍을 통한 의견 발산 및 수렴 과정

아이디어가 충분히 나왔다면 아이디어를 주제별로 분류하는 것도 필요하다. 이 과정에서 진행자가 주가 되어 활동할 필요는 없다. 아이들 스스로 해당 아이디어를 어느 분류에 넣을지 고민하고 의견을 나누고 결정하는 과정 또한 '자발적 회의'를 더 깊게 느끼는 방법이 되기도 한다.

어느 정도 분류 작업이 이루어지면 그 어떤 분류 주제에도 속하지 못하는 의견도 있을 수 있다. 초등학생 친구들일수록 간혹 그런 의견은 무시하거나 해당 포스트-잇을 버리는 일도 있다. 그럴 때는 오늘 회의의 가장 중요한 약속(모든 의견은 동등하고 귀중하다)을 되새겨 주며 화이트보드나 전지 한쪽에 '주차장(Parking Lot)'을 마련해 주면 된다. 주제에는 벗어나는 의견이지만 버려지는 의견이 없이 모든 의견을 존중하는 의미를 되새길 수 있어서 이 또한 꼭 필요한 작업이다.

어느 정도 분류가 이루어졌다면 진행자가 전체적으로 점검할 필요가 있다. 분류 주제에 맞지 않는 의견이 들어있을 때는 진행자가 임의로 옮기지 말고 반드시 참석자에게 확인할 필요가 있다.

"이 의견이 여기에 있는 이유는 무엇인가요?"
"이 의견이 여기에 있는 게 맞을까요? 여기보다 더 어울리는 곳이 있지 않을까요?"
"이 의견은 여기보다는 저 주제에 어울리는 것 같은데 어떤가요?"

그 친구들이 생각한 이유를 반드시 확인하여 추가 분류 작업을 진행하는 것도 이번 사례의 주제인 '모든 의견은 귀중하고 동등하다'는 것을 더욱 깊이 느끼게 하는 순간으로 작용할 수 있다.

적절한 개입은 필요하다 :
○○광역시 ○○요양병원

↓

　퍼실리테이션 교육과정을 포함한 디자인씽킹 과정에 참여하여 열심히 수업을 듣고 난 뒤 느꼈던, 그때의 그 기분을 아직도 기억하고 있다. 그동안 경험하지 못한 '자발적 의사결정과정'을 많은 학습자와 장시간에 걸쳐서 학습하고 체득한 뒤, 정말 새로운 세상을 만난 기분이었다. 기존의 회의에서 느꼈던 답답함 대신 시원함을, 대립보다는 화합을, 불통보다는 소통에 집중하는 순간의 경험이 큰 가르침을 남기는 까닭이다.

　이 좋은 경험을 나 혼자서만 느끼기 아까워서 주변에 적극적으로 교육 추천도 하고 다양한 워크숍에 보조 진행자로 참여하면서 직접 워크숍을 진행할 기회를 틈틈이 엿보기도 하였다.

　그러던 어느 날, 한 요양병원의 서비스 혁신과 관련된 워크숍을 기획, 진행하게 되었다. 의뢰받은 곳은 ○○광역시에 위치한 ○○요양병원이었다. 병상이 400병상 가까이 되는 대규모 병원으로 근무자만 해도 200여 명 가까이 되는 곳이다. 초창기에 비해 병원 규모가 커져서 교육을 통해 서비스 품질을 개선하고 싶다는 게 주된 요청사항이었다.

병원의 특성상 필수 근무 직원을 제외한 총 100여 명의 직원이 하루에 4시간씩 참여가 가능한 상황이었다. 총 4차수 진행을 목표로 차수마다 7명씩 4팀으로 구성하였다. 차수별로 도출되어야 하는 결과물은 다음과 같다.

- 고객 여정 지도 및 개선 포인트 (전지 작성)
- 차수별 개선 포인트 투표 결과 3가지

고객 여정 지도란, 고객이 이 병원의 서비스를 만나는 모든 순간을 찾고 그 순간마다의 만족도를 확인한 뒤 불편 요인을 찾아 개선 방안까지 도출하고 이를 시각적으로 정리한 장표이다. 그동안 생각해보지 못했던 서비스 품질을 고객 입장이 되어 확인하고 필요한 것들을 찾을 수 있어서 서비스 개선 포인트를 찾는 데 유용하게 활용된다.

차수별로 나온 투표 결과를 모두 모아서 전체 직원의 의견을 듣고 최종 투표를 진행하여 그 결과를 병원 운영에 반영하는 것으로 최종 목표를 정하였다.

이 워크숍을 준비하면서 가장 기본으로 삼았던 디자인씽킹 철학이 하나 있었다.

'모든 정답은 참여자에게 있다.'

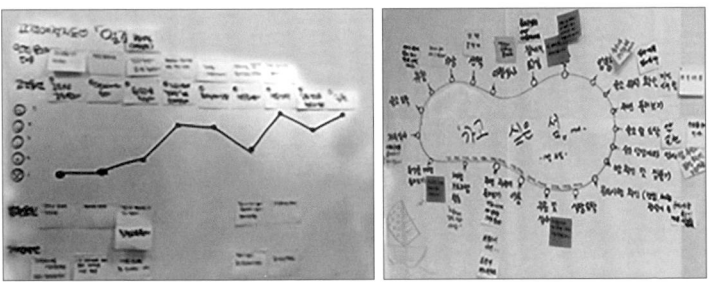

브레인스토밍을 통한 의견 발산 및 수렴 과정

참여자 스스로 정답을 찾을 수 있도록 진행자는 최대한 중립성을 지키며 이끌어가야 한다는 의미이다. 그런데 첫 차수를 진행하고 나서야 저런 믿음에 대해 크게 오해하고 있었다는 것을 알게 되었다.

첫 차수인만큼 환경 조성과 준비물에도 공을 들였다. 간식부터 포스트-잇, 매직과 전지, 3M 플립차트와 화이트보드, 쉬는 시간에 틀 음악까지도 미리 준비하였다. 그 정성을 알았는지 첫 차수에 참여한 직원들도 적극적이고 열정적인 참여자가 대다수였다. 또한 디자인씽킹의 장점을 인지하고 진행 방식 또한 크게 어려워하지 않았다. 그동안 진행되었던 회의에서는 말할 수 없었던 점들을 다른 사람의 눈치를 보지 않고 이야기할 수도 있고 다른 사람들의 의견도 한눈에 볼 수 있다는 장점에 크게 만족하며 과정이 진행되었다. 그래서 결과물 또한 만족스러울 것으로 쉽게 결론짓고 있었는데 첫 차수 결과물을 확인하고 머리가 멍해졌다.

첫 차수의 개선 사항 3가지로 선정된 것이 바로 이것이다.

- 직원 임금 인상
- 직원 복지 강화
- 병실 환경 개선

물론 직원들에게 필요한 부분인 것도 맞지만 참여자들을 너무 믿고 자율성을 존중(?)한 나머지 첫 차수 워크숍은 '함정'에 빠지고 말았다. 직원들이 가장 민감하게 생각할 수 있고 그들의 감정을 자극할 수 있는 부분이 바로 '예산'과 관련되었다는 점을 간과하고 말았다. 충분히 사전에 고민하고 예상하여 적절한 방향 제시를 하는 것이 필요했는데 그 부분을 놓친 것이다.

'병원 서비스 개선'이라는 긍정적인 목표를 가지고 있었고 '모든 정답은 참여자에게 있다.' 라는 큰 믿음이 있었기에 당연히 긍정적인 방향의 결과가 나올 것으로 생각했는데, 현실은 그렇지 못했다. 큰 기대감 뒤에 오는 허탈감을 어찌할지 몰라 고민하다가 평상시 디자인씽킹 관련 스승님으로 모시고 있는 ○○단체의 총장님께 전화를 걸었다. 상황을 설명하자 이런 답을 들려주셨다.

"그동안에는 일반 시민 분들을 많이 만나다 보니 자유로운 의견과 결과를 접할 수 있었던 기회가 많았을 겁니다. 하지만 일반 회사나 기업에는 반드시 준수되어야 하는 기준들이 있어요. 임금이 인상되고 복지가 좋아지는 것은 누구나 원하는, 이상적인 것은 맞아요. 하지만 조직은 지켜져야 할 기준이 먼저이며 그 기준이 지켜진다는 전제 하에 그들이 실천해볼 방법을 찾아야 합니다. 참여자들을 믿는 '자율성'도 중요하지만, 그들이 잊지 않아야 하는 '조직의 기준'에 대한 부분도 끊임없이 인식시켜 줘야 해요."

그 이야기를 듣자 첫 차수에서 크게 놓치고 있었던 부분 2가지가 보이기 시작했다. '모든 정답은 참여자에게 있다.' 라는 믿음으로 중립을 지키는 것이 맞지만 적절한 개입(질문 활용)을 통해 올바른 방향으로 나아갈 수 있도록 이끌어 주는 것이 첫 번째로 필요했다.

그렇다고 해서 나온 의견 중에 방향이 다른 의견을 무시하거나 자르라는 것이 아니다. 그 의견 또한 참여자들의 의견이기 때문에 과정 중에는 '주차장(Parking Lot)'을 활용하여 의견을 존중해 주고 과정 종료 후에는 해당 의견을 의뢰한 곳에 전달할 필요가 있다. 또한 워크숍이 올바른 방향으로 가지 못하게 방해하는 참여자를 적절히 관리할 필요도 있다. 부정적인 의견만을 고집하거나 해당 팀 분위기를 부정적인 방향으로 이끌어가는 사람이 있던 팀에서 '예산' 관련 의견이 많이 쏟아져 나왔다. 그럴 때는 해결 방안의 범위를 줄여주는 것도 필요하다.

"그 점도 좋지만, 우리가 지금 당장 할 수 있는 부분에 집중해 보면 어떨까요?"
"말씀하신 부분도 정말 필요하죠. 병원 측에서도 공감하고 있는 부분이지만 예산 관련인지라 결정해서 집행되기까지 시간도 오래 걸리죠. 그렇다면 우리가 마냥 기다리기보다 우리 스스로 해결할 수 있는 포인트에 관해서 이야기 나눠보면 어떨까요?"

이 2가지 포인트를 적용한 다음 차수부터는 정말 병원 서비스 개선에 관련한 귀한 의견들이 쏟아져 나왔다. (물론 예산 관련 의견은 계속 나왔지만 크게 확산되는 것은 막을 수 있었다!)
총 12개의 개선 사항이 도출되었고 전 직원 투표를 통해 결정된 3가지는 다음과 같았다.

- 전 직원 하이파이브 인사하기
- 매월 친절직원 투표 및 시상하기(상품권 5만 원)
- 직원 휴게실 공간 확충하기

가장 눈에 띄게 변화를 보인 것은 직원들 스스로였다. 본인들의 의견을 내고 결정지은 사항을 실천하기 위해 직원들을 중심으로 하이파이브 인사를 시행하기 시작한 것이다. 처음에는 어색해 했지만, 시간이 지나면서 이 병원만의 또 다른 문화로 자리를 잡았다.

병원 측에서는 친절직원을 뽑기 위한 게시판과 투표함을 설치하고 환자들의 투표로 월 1회 친절 직원을 선발하고 치하했다. 직원과 병원 측 모두 만족하며 실천할 수 있는 결론에 이를 수 있었던, '적절한 개입'의 중요성을 느끼는 귀한 경험이었다.

나이는 진짜 '숫자'에 불과할 뿐 :
○○○ 마을회관

전국에서 진행되는 수많은 워크숍에 퍼실리테이터로 참여하다 보면, 정말 다양한 연령, 직업, 계층의 참가자들을 만나게 된다. 초·중·고등학생과 대학생은 물론이고 직장인, 사업자, 마을주민, 주민자치위원, 시민참여단, 서포터즈, 사회단체 등 다양한 직업 및 계층의 사람들을 만날 수 있다. 참여하는 연령 또한 7~8세부터 80대 노인에 이르기까지 각양각색의 참가자들을 만나게 된다.

이들 중에서 가장 신경을 써서 진행해야 하는 대상은 바로 '70~80대의 마을주민'이라고 이야기할 수 있다. 물론 진행하는 퍼실리테이터의 역량에 따라 다를 수는 있겠으나 '70~80대의 마을주민'과 워크숍을 진행할 때 가장 많은(?) 변수와 마주할 수 있기 때문이다.

어느 한 마을의 사례를 함께 살펴보자. 2018년 7월 어느 날,

창조적 마을 만들기 사업의 일환으로 ○○마을 주민들의 의견을 수렴해야 하는 워크숍을 진행하게 되었다. 사전에 담당자에게 확인한 진행 장소 및 주민들 정보는 이러했다.

- 장소 : ○○ 마을회관, 벽면 전지 부착 가능, 상을 테이블로 이용 가능
- 장비 : 40인치 TV를 통해 노트북 연결 가능
- 참여자 : 60대가 주를 이룸, 기존 워크숍 참여 경험 있음
- 기타 : 에어컨 가동 중임

 마을회관 특성상, 다른 워크숍들이 진행되는 컨벤션 홀 등에 비할 수는 없겠으나 저 정도 상황이면 충분하다고 판단하고 준비를 마쳤고 워크숍 당일이 되었다. 보조 퍼실리테이터들과 함께 1시간 전에 마을회관에 도착했다. 마을회관에서 점심 식사를 마치고 삼삼오오 모여 있는 주민 분들과 미리 인사하고 소통하며 준비하기 시작했는데 사건이 하나씩 생기기 시작하였다.
 마을회관에 부착된 TV와 노트북이 연결이 안 되는 것이다. HDMI 단자를 이용하여 연결하는 방식이었는데 3개나 있는 단자를 아무리 연결하려 해도 신호를 잡을 수 없다는 메시지만 보게 되었다. 휴대용 빔프로젝트도 가지고 오지 않은 상태인지라 과감하게 PPT는 포기하기로 하고 주요 진행 포인트를 전지에

적어서 벽면에 부착하고 돌아서는 순간, 전지가 떨어지는 게 아닌가? '왜 이러지?' 하며 살펴보니 얼마 전 리모델링 공사로 벽지를 교체했는데 하필 그 벽지가 유난히 미끄러운 실크 벽지였다. 몇 번을 덧붙여도 붙지 않아서 할 수 없이 벽면에 설치된 거울에 해당 전지를 부착하고 워크숍 진행 전지는 유리로 된 중문에 부착하기로 하였다.

이것으로 그날의 어려움이 끝난 줄 알았으나 사건은 연이어서 발생되었다. 원래 참석하기로 한 60대 참석자들이 바쁜 농사일로 인하여 참석이 어렵게 되자 그 자리에 70~80대 어르신들이 대신 참석하신 것이다. 마을의 주축이 되는 60대 대신에 거동도 힘들어 보이는 70~80대 어른들을 보며 적지 않게 당황한 것도 사실이었다. 이 워크숍이 잘 진행될까 하는 걱정이 앞섰다.

어떤 목적으로 참석했는지 모르는 어르신들은 계속해서 질문을 이어갔다.

"왜 모이라고 한 거여?"

"나는 글 읽을 줄도, 쓸 줄도 모르는데 가야 하는 거 아닌지 몰라."

"이거 빨리 끝나는 거 맞지? 빨리 끝난다고 해서 왔는데?"

"노래 부르러 온 거 아니었어? 아니면 가야는디?"

당황스럽고 어색한 마음이 컸지만, 내색하지 않고 오늘 모인 목적에 대해서 차분히 설명을 이어 나갔다.

"어르신들, 바쁘신 데도 우리 마을을 위해 이렇게 모여 주셔서 감사합니다. 오늘 저희가 이렇게 귀한 시간을 내어서 모인 이유는 바로! 우리 ○○마을이 더 나은 마을이 되기 위해서입니다. 저희야 이 마을에 살지 않아서 우리 마을에 대해서 잘 알지 못하지만, 우리 어르신들께서는 태어나 자란 마을이기 때문에 그 누구보다 우리 마을에 대해서 잘 알고 계실 겁니다. 그래서 오늘 이 자리에 오신 어르신들이야말로 우리 마을의 대표선

수라고 생각하시면 됩니다. 우리 선생님들께서 우리 마을에 필요한 게 무엇이 있는지 생각해보시고 편히 말씀만 해 주시면 저희가 알기 쉽고 보기 쉽게 대신 정리해 드릴 겁니다."

'마을의 대표선수'라는 말에 많은 주민 분들의 눈빛이 빛나기 시작했다. 퍼실리테이션의 기본은 '포스트-잇과 매직'이라고 생각할 수 있으나 이 자리에서는 그것을 굳이 강요하지 않아도 된다. 자연스럽게 생각하고 이야기할 수 있는 분위기! 그 분위기만 조성된다면 그 어떤 워크숍 못지않은 집중력을 발휘하게 된다. 70~80대라는 나이 또한 '또 하나의 편견'이었음을 과정을 진행하며 깨닫게 되었다. 이야기하는 분위기만 조성된다면 누군가는 이야기를 시작하고 누군가는 포스트-잇과 매직을 자연스럽게 활용하여 자신의 의견을 이야기하게 되는, 마법의 순간을 경험하게 된다. 한 어르신이 이야기하면 그걸 퍼실리테이터가 포스트-잇에 옮겨 적고 내용을 확인하는 작업을 거치게 된다. 다른 분들의 의견이 어떤지 묻지 않아도 된다. 이야기를 잘 하지 않는 어르신들을 주민 분들이 알아서 찾고 이야기하도록 이끌어 주는 자연스러운 분위기가 형성되기 때문이다.

"○○댁, 이젠 자네가 좀 이야기해 보소~ 그래도 우리 마을에 가장 오래 살았잖여."

"불편한 걸 바꿔야 우리 마을이 더 나아지지 않겠어. 잘 좀 생각해봐."

"저번에 거기 다니기가 불편하다고 했잖여~ 그거 이야기하면 되겄네."

물론 어르신들의 이야기를 대신 적는 것이기 때문에 보조 퍼실리테이터들은 그 어떤 워크숍보다 고도의 집중력과 속도가 필요한게 사실이다. 그렇지만 그렇게 모인 의견을 차곡차곡 정리하다 보면 그 워크숍에 참여한 어르신들이 얼마나 마을에 애정을 가졌는지, 내가 돌아가더라도 누군가는 남아서 살아갈 이 마을이 조금은 더 편리하고 좋아지기를 바라는 마음이 크다는 것을 알게 된다.

어느 정도 진척되는 워크숍에 마음을 놓으려는 순간, 마지막 사고(?)가 발생했다. 갑자기 에어컨에서 뜨거운 바람이 나오기 시작한 것이다. 새 에어컨이라 신경을 쓰지 않았는데 에어컨 가스 쪽에 문제가 생겼는지 나아지지 않았다. 벽면에 부착된 선풍기를 틀고 바로 옆 이장님 댁에서 선풍기 2대를 가져와 틀었지만 30도가 넘는 더위 속에서 30명이 뿜어내는 열기를 감당하기는 쉬는 일이 아니었다. 그 열기 속에 누군가는 짜증을 낼 만도 하지만 마을주민 분들이 건네는 말 덕분에 힘을 낼 수 있었다.

"아고~ 우리는 앉아만 있어서 괜찮은디~ 선생님들이 더워서 큰일이네~."

"여기 시원한 얼음물 한잔 하면서 하시오. 쉬었다가 해도 되는데~."

서로 배려하고 양보하며 기다려 줄 수 있는 여유 덕분에 자칫 산(?)으로 갈 뻔한 워크숍은 무사히 마무리되었다.

디자인씽킹에 있어서 퍼실리테이터가 가장 경계해야 하는 '나이에 대한 편견'을 버릴 수 있었던 귀한 경험의 순간이었다.

'밥'을 짓는 것도 시간이 필요한 것처럼 :
○○○ 업체

↓

밥을 한 번이라도 지어본 사람은 알 것이다. 밥이 잘 되기 위해서는 쌀을 불리는 약 20~30분 정도의 시간과 마지막 과정에서 약 5분에서 10분 정도의 뜸을 들이는 시간이 꼭 필요하다는 것을. 지금이야 압력밥솥이 그런 기능을 자동으로 다 하고 있지만 냄비 밥의 경우에는 반드시 '시간'이 필요하다. 압력밥솥이든 냄비밥이든 그 시간을 잘 준수해야만 찰진 밥맛을 느낄 수 있다.

디자인씽킹 또한 반드시 '시간'이 필요한 작업이다. 대상에 대한 고민의 시간, 참여자가 의견을 내기까지의 시간, 도출된 합의점을 실천하고 그 성과를 확인할 때까지의 시간이.

여기, 그 '시간'을 기다려 귀한 성과를 낸 ○○○ 업체가 있다. ○○○ 업체는 총 9개의 매장을 관리하며 소비자에게 상품을 판매하는 서비스 관련 중소기업이다. 이 ○○○ 업체가 디자인씽킹 과정을 통해 얻고자 하는 바는 명확했다.

- 직원들이 회사에 바라는 바를 확인
- 9개 매장의 원활한 소통 가능
- 직원들의 의견이 반영된 명확한 비전 수립

이 3가지 목표를 달성하기 위해서 구체적인 프로세스를 결정하기 전에 심층적인 사전조사 작업을 먼저 진행하였다. 사장, 중간관리자, 점장들은 인터뷰 방식을 통해 각자의 목표 확인, 회사의 강·약점 확인, 교육 시 바라는 점 등을 파악하였고 직원들에게는 총 10문항의 모바일 설문을 시행하여 현재의 회사에 대한 만족도, 회사 내 소통 정도, 비전 제시 여부 등을 확인하였다.

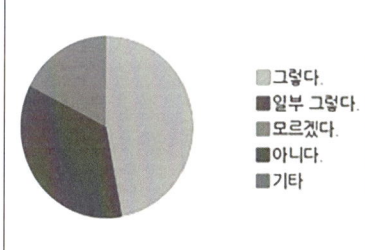

그렇다	8	47%
일부 그렇다	6	35%
모르겠다	3	17%
아니다	0	0%
기타	0	0%

직원 대상 모바일 설문 일부 발췌

이러한 사전조사 작업을 통해 반드시 시행되어야 하는 교육 목표 3가지가 정해졌다.

- 명확한 비전 제시 필요
- 자율적 소통 문화 기틀 마련
- 직원 간의 역량 평준화 기회 제공

이와 더불어 그동안의 교육 경험을 확인해본 결과, 단기간에 빨리 끝나는 교육 방식을 선호하는 것을 알게 되었다. 그러나 앞서 제시된 목표 3가지를 달성하기 위해서는 절대적인 '시간'이 필요했다. 짧은 시간 동안 디자인씽킹 과정을 진행할 경우, 깊이 있는 내용이 나오기 어려울 뿐만 아니라 기존 과정과의 차별성이 없어서 교육의 효과는 당연히 떨어질 수밖에 없다. 계속되는 회의를 거듭한 끝에, 몇 가지 교육 진행에 대한 합의점을 도출할 수 있었다.

첫 번째로는 점장들을 중심으로 한, 역량강화팀을 구성하여 그들을 먼저 교육하는 것이다. 그들을 대상으로 디자인씽킹 과정을 진행한 뒤, 자연스럽게 다른 직원들에게 전파되는 형식을 취하기로 하였다.

두 번째로는 교육진행 시간은 줄이 짧되, 총 진행 회차는 늘리기로 하였다. 회차마다 1시간 내외로 진행하며 총 15회차의 진행을 통해 충분히 토의하고 이야기하는 시간을 갖기로 한 것이다. 세 번째로는 교육의 신뢰성을 높이기 위해 교육의 결과물을 사장 및 관리자들이 수용하고 받아들이기로 사전에 약속하고 공포하였다. 직원들의 의견을 적극적으로 수용하겠다는 의지를 사전에 밝히자 직원들이 디자인씽킹 과정에 대해 긍정적으로 생각하고 적극적으로 참여하게 되는 계기로 작용하였다.

총 15회차로 진행된 워크숍은 그야말로 '주체적이고 자발적

인 회의'로 진행되었다. 약 10명의 참여자 중 한 명도 빠지지 않고 매 회차마다 본인들의 의견을 적극적으로 개진하였다. 또한 본인이 경험한 자발적 회의 방식을 본인의 매장에 돌아가 적용해 보는 등 빠르게 '자발적 회의 방식'이 ○○○ 업체의 조직문화로 자리를 잡아 갔다. 그렇게 열심히 참여하여 결정된 ○○○ 업체의 비전은 바로 '모두가 부러워하는 모범 대리점'이다.

  이 비전을 실천하기 위해 직원들 스스로 실천해야 하는 부분과 회사에 제안해야 하는 부분으로 나누어 1차 의견을 정리한 뒤, 전체 직원 투표를 진행하여 최종 실천하고 진행되어야 하는 부분까지 세분화되었다.

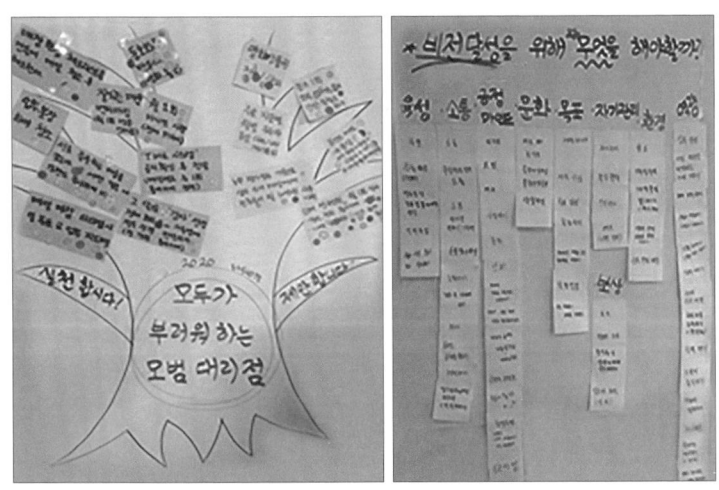

○○○업체의 비전 트리와 회의 결과물 중 발췌

직원들의 투표로 결정된 최종 의견은 의견에서 끝나지 않고 바로 실천 항목으로 정해져서 구체적인 방식으로 제시되었다. '매장 청소 체크리스트 마련, 직원 역량 향상 프로그램 자체 운영, 마니또 프로그램 운영, 의견 제시를 위한 제안서 양식 마련' 등이 결정되고 바로 시행되었다.

회사 전체 분위기가 활기차고 적극적으로 변한 것은 물론이고 이는 곧 성과로도 이어졌다. 그 지역 내 매출 1등을 달성한 것이다. 매출 1등 소식을 들었던 날 걸려 왔던, 회사 사장님과 나눈 전화 통화가 아직도 기억난다.

"강사님, 솔직히 시작할 때만 해도 반신반의했어요. 이 워크숍이 얼마나 효과가 있을지 의심도 됐었고 직원들이 잘 따라올지도 확신이 없었거든요. 그런데 진짜~ 디자인씽킹이 효과가 있네요. 직원들이 바뀌어 가고 있습니다. 그동안 이야기도 해보고 인센티브도 줘봤지만 안 바뀌었었는데, 정말 제가 한 것이라고는 워크숍 진행을 결정하고 기다리는 것뿐이었는데! 직원들이 바뀌는데 저라고 가만히 있으면 안 되겠죠? 저 또한 직원들과의 약속을 지키기 위해 더 신경 쓸 겁니다. 정말 고맙습니다."

이 워크숍에 소요된 전체 시간은 약 5개월. 각 개인이 변하고 전체 조직이 변화되는 데 걸리는 시간으로는 짧다면 짧고 길다면 길 수 있는 시간이었겠지만 이 '시간'이 있었기에 가능한 변화임은 분명하다.

남녀노소 모두의 벽이 허물어져 :
○○○ 마을회관

↓

전국을 돌아다니며 수많은 워크숍을 진행하다 보면 그 지역만의 고유의 특성을 느낄 수 있다. (이건 지극히 필자 개인적인 경험과 생각일 뿐으로 지역 색을 강조하거나 조장하려는 의미가 절대 아님을 밝힌다.)

먼저 저 바다 건너 제주 분들의 경우, 일단은 육지 사람에 대한 경계가 높아서 워크숍 처음에는 그리 적극적이지 않다. 하지만 주 진행자와 보조 퍼실리테이터가 마음에 드는 순간부터는 가장 적극적이고 열정적인 참여자가 된다.

다른 지역의 경우에는 2가지 부류로 나뉜다. 바다와 가까울 경우, 적극적으로 참여하며 할 말은 제대로 전달하는 열정파들이 많고 내륙으로 들어올수록 속내를 잘 비치지 않고 여론이 내 의견과 다를지라도 반대 의견을 잘 피력하지 않는 편이다. 모든 지역이 다 그러한 것은 아니겠으나 평균치를 놓고 보았을 때 이와 같은 성향을 보이는 곳이 많았다.

그중 가장 기억에 남는 한 지역의 주민 분들이 있다. 이곳 마을은 총 7개의 행정동으로 나누어져 있으며 이곳에는 마을주민들을 위한 작지만 알찬, 2층짜리 문화 공간을 만들 계획이었다. 이 문화 공간을 어떻게 꾸미고 활용할지에 대한 주민 의견을 모으는 것이 이 워크숍에 가장 큰 핵심이다.

모든 주민이 한꺼번에 모이기가 힘든 상황이기에 날짜별로 오전, 오후로 나누어서 워크숍을 진행하기로 했다. 이동 시간만 2시간 30분이 넘게 걸리는 거리였지만 귀한 시간을 내 참여해 주실 주민 분들 생각에 힘든지도 모르고 운전하여 첫 번째 마을회관에 도착하였다. 다른 마을보다 큰 규모의 마을회관을 보고서 참석인원이 많을 것으로 예상할 수 있었다. 2층에 올라가 준비를 마치고 기다리고 있으니 주민 분들이 삼삼오오 짝을 지어 올라오셨다. 곧 2층 강의장이 꽉 찰 정도로 많은 분이 관심을 가지고 참여해 주신 덕분에 큰 기대를 안고 시작할 수 있었다.

그런데 진행하다 보니 이상한 점이 발견되었다. 남자 어르신들은 적극적으로 의견을 내시고 토론하는 자연스러운 모습을 보이지만 여자 어르신들의 경우 거의 말씀이 없었다. 질문도 바꿔가며 여러 각도로 접근해 보려 하였으나 쉽지 않은 상황이었다. 그중 한 여자 어르신이 하신 말씀이 아직도 생생하다.

"우리 여자들은 마을 일에 원래 잘 안 나서. 다 바깥양반들이 결정하고 그러지~ 우리는 그 결정에 따르기만 하고 평생을 살았는데 뭘."

　보통 60~80대 어른들로 구성된 마을주민 분들이 살아온 세월을 생각해보니 '그럴 수도 있겠구나!'라는 생각도 들었고 어차피 1차수 워크숍에서는 사업 목적 설명 및 자발적 회의를 연습하는 시간으로 활용할 계획이었기에 더 깊이 관여하지는 않았다. 그렇게 1차수 워크숍이 마무리되고 오후에 예정되었던 마을로 이동하였다.

　오전 마을에 비해 규모는 조금 작았지만 큰 방이 3개가 연결되어 있을 만큼의 작지 않은 규모의 마을회관이었다. 앉아서 진행해야 하는 만큼 마을회관에 있는 상들을 펼쳐 자리를 마련하고 기다리고 있으니 어르신들이 들어오셨다. 그런데 이 마을회관에서도 특이한 점이 발견되었다. 빔프로젝트 스크린과 가까운 첫 번째 방에는 남자 어르신들만 앉고 그 뒷방에는 여자 어르신들만 앉는 것이 아닌가? 그 모습을 보자 오전에 진행했던 마을회관의 모습도 머릿속에 그려졌다. 테이블과 의자로 구성된 그곳에서도 가운데를 중심으로 남자 어르신들과 여자 어르신들이 나누어서 앉아 있었다.

　오전과 오후 마을의 공통점으로 보여서 이 마을의 이장님께 이 사실을 말씀드렸다. 그랬더니 이장님께서도 깜짝 놀라며 이런 말씀을 해 주셨다.

"강사님~ 강사님이 이야기하기 전에는 진짜 몰랐는데 이야기를 듣다 보니 진짜 그런 것 같아요. 저희는 야유회를 갈 때도 청년회, 노인회, 부녀회가 따로따로 가고 있습니다."

다른 마을도 확인해보니 이곳과 별반 다를 것이 없었다. 남녀가 잘 섞일 수 있도록 프로세스를 변경할 필요가 느껴져서 이튿날부터의 워크숍은 내용을 변경하였다. 자리 배치부터 나이와 성별이 적절히 섞이도록 뽑기를 통해 조를 배치하고 조별 보조 퍼실리테이터들에게도 해당 내용을 안내하고 최대한 편안한 분위기에서 이야기를 할 수 있도록 이끌어 줄 필요가 있음을 강조하였다. 오프닝 게임에도 신경 써서 진행하였다. '이심전심' 게임과 '조별 미션' 게임, '주먹 탑 쌓기' 게임 등을 적절히 사용하여 옆 사람과의 친밀도를 높이고 조원끼리 친해질 수 있는 기회를 제공하였다.

첫째 날 진행하지 못한 마을들은 2차 몇 시간 동안 짧고 굵게 진행하여 분위기를 부드럽게 만들 수 있었다.

분위기를 부드럽게 만들었다면 그다음으로 신경을 써야 하는 부분이 바로 '이야기할 수 있는 분위기 조성'이다. 아무리 분위기가 무르익어도 여자 어르신들은 자신감 없이 이런 이야기를 한다.

"진짜 이런 거 이야기해도 되는 거예요? 한 번도 해본 적이 없는데…?"
"우리 의견 말고 저쪽~ 남자들 이야기가 더 좋을 거예요."

자발적으로 회의에 참석해본 경험이 없기에, 자신감이 부족할 수밖에 없고 보통 고령층의 주민 분들 경우, 이제는 마을의 주축이 아니라 한 걸음 물러서 있는 느낌으로 마을 일을 대하고는 한다. 그래서 이러한 분들을 워크숍에 잘 참여시키기 위해서는, 이 워크숍에 참여하는 순간만큼은 '우리 마을의 전문가'라는 인식을 반드시 심어줘야 한다. 명찰을 제작하여 'ㅇㅇ마을 전문가'라는 타이틀을 다는 것도 좋다. 호칭 또한 '우리 마을 전문가'라고 계속 부르게 되면 처음에는 쑥스러워 하지만, 주민 한 분, 한 분에게 책임감이 생겨 워크숍에 참여하는 마음이 더 깊어지게 된다.

한편 고령층의 마을주민 분들이 모여 있는 경우, 마을에서 직책을 맡고 계신 분들 위주로 이어가기 마련이다. 그럴 경우, 먼저 포스트-잇에 반드시 '써야 한다.' 라는 부담감을 줄여 줘야 한다. 이 워크숍의 보조 퍼실리테이터들이 대신 작성이 가능함을 안내한 뒤, 질문을 계속 이어가야 한다.

"여기에 또 다른 의견이 있을까요?"
"이 의견에 동의하실까요? ㅇㅇ를 고려해보면 더 필요한 부분이 있지 않을까요?"
"이 의견도 정말 필요하다고 보입니다. 조금 전에 나왔던 ㅇㅇ 의견과 연결해서 생각해보면 어떨까요?"

그리고 제일 말이 없는 분의 의견도 반드시 확인할 필요가 있다. (보통 가장 연세가 많으신 분들이 그러한 태도를 보이는 경우가 많다.) 토의할 때는 아무런 말도 없다고 해서 의견이 없다고 착각하면 안 된다. 그런 분들은 그동안 본인의 의견을 말할 기회가 없었을 뿐이지, 나고 자란 내 마을에 필요한 부분은 그런 분들이 더 정확하고 자세하게 알고 있는 경우가 많다. 그런 분들을 위해서는 차근차근 접근할 필요가 있다.

"우리 선생님의 하루를 떠올려보시면 좋을 것 같아요. 마을회관 말고 문화센터가 생겼을 때 그곳에서 뭐 하면서 시간을 보내시면 좋을까요? 뭐든 좋으니 편하게 말씀해 주시면 좋습니다."
"우리 선생님께서 주민 분들과 즐겁게 활동하고 싶은 게 뭐가 있을까요? 지금 그 공간을 꾸미기 위해 이야기 나누고 있습니다."

성별과 나이를 뛰어넘어 우리 마을을 위해 좋은 의견을 내고자 노력을 기울인 결과, 2층짜리 문화센터는 운동방, 한글공부방, 컴퓨터방, 아이돌봄방 등 주민들에게 꼭 필요한 공간으로 거듭날 수 있었다. 디자인씽킹에 있어 성별과 나이는 뛰어넘을 수 있는 장애물에 불과함을 확인할 수 있는 시간이었다.

촉진자의 접근법 :
○○○ 자치단체

↓

2019년, 충청남도 ○○시에서는 주민자치 역량 강화 사업의 목적으로 각 읍·면·동의 주민자치회를 대상으로 하는 '디자인씽킹' 과정을 진행하게 되었다. 총 16곳의 주민자치회가 참여하였고 참여 인원만 350명이 훌쩍 넘는 대규모 프로젝트였다. 5차례에 걸친, 과정계획수립회의를 통해 해당 과정은 상, 하반기로 나누어 진행하기로 했다.

상반기에는 각 읍·면·동의 비전을 수립하고 하반기에는 해당 비전을 구체화하는 작업을 진행하게 되었다.

대규모 인원이 참여하다 보니 각 읍·면·동별로 변수가 많을 것으로 예상되었으므로 진행은 1팀(주 진행 1명, 보조 3명)으로만 구성하여 최대한 같은 조건에서 진행하는 것을 기본 전제로 하였다.

상반기 교육의 경우 각 읍·면·동 주민자치회의 열정적인 참여로 원활하게 진행되었다. 기존 주민자치회 인원 이외에도 일반 주민들까지 참여하여 내가 사는 마을에 관한 관심과 열정을 쏟아내 주었다. 비전 수립을 위해 '내가 살고 싶은 우리 마을의 모습은 어떠한가?'라는 주제를 통해 비전 트리를 완성하고 공통 관심사를 도출하는 작업을 거쳤다. 각 읍·면·동 상황과 환경에 따라 비전의 내용은 각기 달랐지만 ○○시 읍·면·동의 공통 관심 키워드는 '행복·소통·인구증가'임을 확인할 수 있었다.

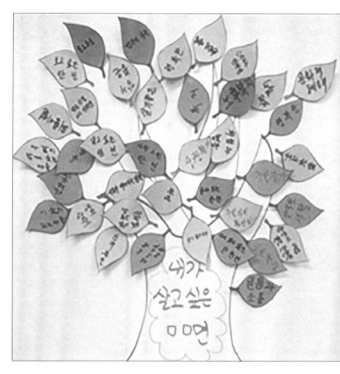

하반기에는 상반기에 수립된 각 비전 내용을 바탕으로 해당 비전을 완성하기 위한 구체화 작업이 진행되었다. 농촌 마을이 많은 부분을 차지하고 있는 ○○시의 특성상, 농번기가 몰려 있는 하반기 교육에는 우려가 컸던 것도 사실이었다. 주민들의 참

여가 상반기에 비해 눈에 띄게 줄어들긴 하였으나 핵심 인재들이 모여 좋은 의견을 내기 위해 서로 소통하고 노력하는 모습이 주를 이루게 되어 한편으로는 안심도 되었다.

그런데 10번째로 방문한 ○○면에서 사건(?)이 일어났다.

그려~ 이게 제일 중요하지!

40분 먼저 도착하여 워크숍 장소를 점검하고 준비를 마친 뒤, 주민들을 기다리고 있었다. 그런데 시작 10분 전이 되었는데도 아무도 입장하지 않았고 담당 공무원 또한 보이지 않았다. 다급한 마음에 연락을 취하려는 순간, 참석자분들이 쏟아져 들어왔는데 분위기가 심상치 않아 보였다. 자리를 안내하며 살며시 확인해보니 원주민과 이주민 사이에 다툼이 있었고 농번기에 교육을 진행하는 것과 너무 긴 교육 진행시간(3시간)에 대한 불만, 담당 공무원이 갑작스레 변경되어 소통이 잘되지 않고 있는 등, 여러 가지 복합적인 이유로 인하여 주민들끼리 모여서 대화하다가 왔다는 것이 아닌가?

도저히 이대로는 진행이 힘들다고 판단되어 '충격요법(?)'을 먼저 사용하기로 하였다. 여러 가지 불만 중에서 지금 당장 실행할 수 있는, '교육 진행 시간 조절'을 화두로 던진 것이다.

"우리 선생님들, 농번기라 엄청 바쁘실 텐데 잊지 않고 이렇게 참여해 주신 점, 진심으로 감사드립니다. 제가 그 귀한 마음에 보답하고자 작은 선물을 드리고 싶은데요, 공지에는 교육시간이 3시간으로 되어 있었지만 우리 선생님들께서 조금만 도와주신다면 2시간 안으로도 마칠 수 있을 것 같거든요. 어떻게 저희 좀 도와주실 수 있을까요?"

교육시간이 줄어든다는 사실이 공표되자 참석자 대부분의 얼굴에 화색이 돌았다. 어떻게든 최선을 다해 집중해보겠노라고 서로 이야기하며 교육에 대한 참여 의지를 불태웠다. 하지만 아직도 주민들 마음속에는 교육을 방해할 수 있는 요소들이 남아 있었으므로 그 또한 조치가 필요했다. 1인당 1장씩 A4용지를 나누어 주고 현재 나와 우리의 마음을 빼앗고 있는, 지금 당장 해결할 수 없는 중요한 일들을 적게 하였다.

"선생님들, 제가 몇 분께 확인한 바로는 현재 우리 마을에 여러 가지 답답하고 속상한 일들이 있는 것으로 압니다. 아마 마음속으로는 그러실 수 있어요. '지금 이게 해결이 안 됐는데 이런 교육이 무슨 소용이냐.'라는. 저희가 상반기에 이어 오늘 모인 이유가 바로 내가 사는 마을이 더 나은 동네가 되기를 바라는, 간절한 마음이 있기 때문입니다. 그 마음을 이루기 위해서는, 지금 내 마음을 속상하게 하거나 답답하게 만드는 일들을 나누어 드린 A4용지에 적은 뒤, 주머니나 가방에 넣어 주세요. 해당 주제는 이 시간이 끝난 뒤 해결하기 위해 다시 이야기하시면 됩니다. 지금은 우리가 할 수 있는 일에 집중하는 것이 필요한 때입니다."

사뭇 진지한 표정으로 각자의 불만과 걱정거리를 적은 뒤, 조금은 개운해진 표정으로 교육에 임하는 모습을 볼 수 있었다.

해당 ○○면은 상반기에 '화합하는 ○○면, 인구가 늘어나고 아이 웃음소리가 있는 ○○면, 웃으면서 이웃과 소통하는 ○○면'이라는 3가지 비전을 수립하였다.

이 3가지 비전을 실행하기 위한 구체적 실천 방안을 조별로 이야기 하며 구체화하는 작업을 진행하고 있었는데, 한 보조 선생님이 다가와서 도움을 요청하였다. 이야기를 들어보니 '인구가 늘어나고 아이 웃음소리가 있는 ○○면'에 대한 구체화 작업을 진행하고 있었는데 나온 내용들이 너무 터무니없거나 부정적인 이야기, 구체성이 부족하여 실현 불가능한 이야기(아이를 낳으면 1인당 1억씩 주기, 신혼부부 공짜로 집 제공하기 등)에 집중하고 있다는 것이다. 경험치가 부족한 테이블 담당 선생님이다 보니 자연스럽게 화제를 전환할 수 있는 시기를 놓친 것이다.

자연스럽게 해당 조에 들어가서 내용을 살피며 분위기 전환을 시도해 보았다.

내가 제일 잘 나가~

"선생님들, 말씀하신 내용들이 진짜로 진행될 수 있을까요?

물론 좋은 의견이고 저 또한 들으면서 솔깃해지는 것도 사실이지만 해당 내용이 진행되려면 많은 시간과 예산이 필요할 것으로 보입니다. 우리 선생님들께서 지금 당장 할 수 있는 일에 집중하는 것이 이 귀한 시간을 알차게 쓸 수 있을 것으로 보입니다. 그리고 이 주제가 현실이 되기 위해서는, 우리 ○○면의 인구가 늘지 않는 현실적인 이유가 무엇일지부터 생각해보는 것도 좋을 것 같습니다."

이 이야기를 들은 주민 분들은 본인들이 생각하기에도 조금은 터무니없는 방법들을 이야기했다는 것을 인정함과 동시에, 다른 읍·면·동에 비해 인구증가가 더딘 이유로 '○○면 홍보 부족'을 뽑게 되었다. 타 마을 대비 이주민과 원주민, 다문화 가정과의 소통과 교류가 활발하며 동네 특산물 가공 등으로 가구별 소득도 월등히 높지만 다른 지역에 홍보가 되지 않아 많은 사람이 ○○면의 장점을 잘 알지 못한다는 것을 찾게 된 것이다. 그래서 '인구가 늘어나고 아이 웃음소리가 있는 ○○면'의 비전을 실행하기 위한 구체적인 비전으로 '○○면 알리기'를 정하고 해당 내용을 실행하는 방안도 고민해 보았다. 이 실행 방안도 너무 큰 규모로 접근하려고 해서 '지금 당장 우리 스스로 실천할 방안'에 대해 집중하라고 요청하여, 워크숍 결과가 또 한 번 산으로 가려는 것을 막을 수 있었다.

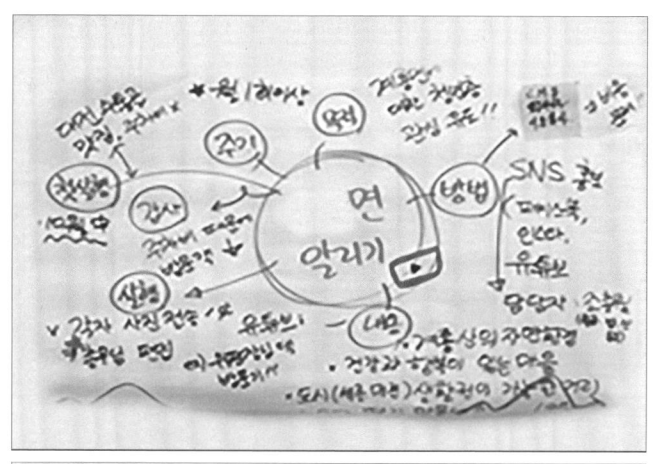

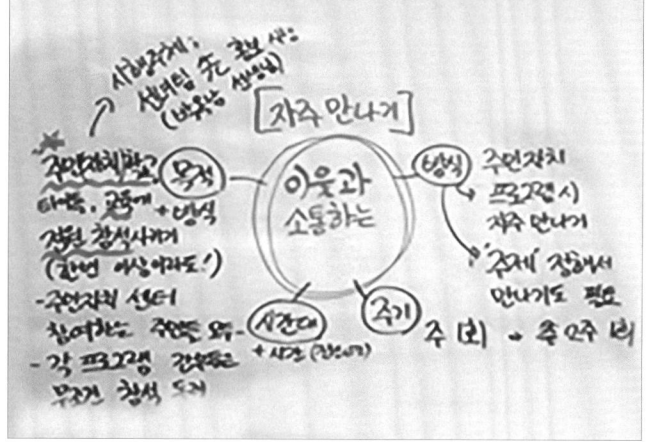

　지금까지도 1년에 몇 차례, ○○면의 이장님과 총무님은 연락을 주고 계신다. 해당 내용이 여전히 잘 진행되고 있고 발전적인 방향으로 변형되어 진행되고 있다는 기쁜 소식과 함께 말이다.

퍼실리테이터의 접근법에 따라서 주민의 역량 발휘 및 워크숍 결과물은 충분히 달라질 수 있음을 느끼게 해 준 귀한 시간이었다.

언택트로도 가능합니다 :
○○시 시민참여 온라인 대토론회

2020년 1월부터 시작된 코로나 팬데믹으로 인하여 디자인씽킹 분야는 그야말로 암흑기를 맞이하게 되었다. 대규모 인원이 모일 수 없으니 현장에서 생동감 있게 진행해야 하는 워크숍은 여러 가지 어려움이 따랐다. 계획되었던 수많은 워크숍이 취소되었고 진행할 수 있더라도 방역 정책에 따라 모일 수 있는 최소 인원을 모아서 진행하거나 대규모 장소를 대여하여 거리 유지를 할 수밖에 없었다. 그러하다 보니 진행자와 참여하는 입장 모두 집중도가 떨어지고 처음 계획했던 워크숍의 결과물에도 만족도가 낮아지는 것은 뻔한 결과였다.

○○시에서는 아동친화도시를 조성하기 위해 시민들의 의견을 모으고 그 결과를 시정에 반영해야 하는 워크숍을 반드시 진행해야만 했다. 하지만 코로나 팬데믹이 계속 지속되자 고민에

빠질 수밖에 없었다. 해당 워크숍을 진행하기 위해서 실무진들이 모여서 여러 차례 회의를 진행하였다. 쉽게 결론이 나지 않던 중에, 다른 시의 사례를 바탕으로 '온라인 토론회'를 개최해보자는 의견이 모이게 되었다. 다행히도 여러 차례 온라인 토론회에서 테이블 퍼실리테이터로 참여한 경험이 있는지라 해당 워크숍을 기획, 진행하는 데 큰 도움을 받을 수 있었다.

과거, 현재, 미래를 함께 나누다 - 1

온라인 워크숍이 진행되기 위해서는 크게 3가지 측면에서 고민하고 준비해야 한다.

첫 번째는 바로 '진행자 구성'이다. 주 진행자 및 조별 테이블 퍼실리테이터와 함께 반드시 운영진이 필요하다. 물론 오프라인 워크숍에서도 진행자 구성이 비슷할 수는 있지만 ZOOM을 활용한 온라인 워크숍에서는 컴퓨터 및 ZOOM 프로그램을 능숙하게 다룰 수 있는 운영진이 꼭 필요하다. 온라인이다 보니 참가자 별로 접속하는 기기와 환경이 모두 달라서 수많은 변수가 일어날 수 있다. 침착하게 대응해서 해결할 수 있는 운영진 구성이 꼭 필요한 까닭이다.

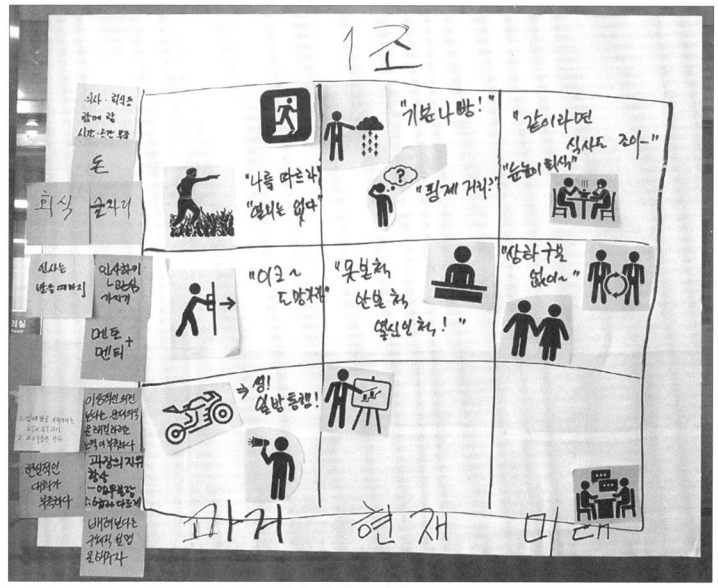

과거, 현재, 미래를 함께 나누다 - 2

두 번째는 '타임 테이블 구성'이다. 현장에서 진행되는 워크숍의 경우에는 상황에 따라서 즉각적으로 시간 조정이 가능한 부분이 있다. 하지만 온라인에서 진행될 때는 세심한 진행시간 배분을 고려하고 그 시간에 따라서 해당 내용이 진행될 수 있도록 이끌어야만 안정적으로 워크숍을 진행할 수 있다. 주로 소회의실에서 조별로 토론이 진행되어 진행 시간에 대해 인식하지 못하면 참가자들의 집중력이 떨어지거나 정해진 시간 안에 마무리하지 못하는 상황을 맞이하게 된다.

마지막 세 번째는 바로 '사전 오리엔테이션 진행'이다. 참석자들이 미리 자신이 참여하게 되는 온라인 환경도 확인을 해볼 수 있으면 ZOOM 프로그램을 처음 사용해보는 참석자가 채팅창이나 소회의실 사용 방법을 미리 체험한다면 훨씬 완성도 높은 온라인 워크숍을 진행할 수 있기 때문이다.

이 3가지 사안을 고려하여 ○○시 온라인 대토론회를 준비하게 되었다. 그러나 안타깝게도 현장의 여러 가지 상황으로 인하여 '사전 오리엔테이션'은 진행하지 못한 채, 온라인 대토론회를 진행하는 날을 맞이하게 되었다. 여느 때처럼 1시간 일찍 사무실에 도착하여 예약된 ZOOM 회의실에 접속하였다. 참가자들을 기다리며 테이블 퍼실리테이터들에게 공동 호스트(회의 주체자인 호스트와 ZOOM기능 사용권한을 동일하게 가질 수 있도록 함께 지정하는 서비스)를 지정하려고 하였다. 그런데 아무리 화면을 클릭해 봐도 해당 기능이 찾아지지 않았다. 아뿔싸! 그동안에는 주최 측에서 제공하는 ZOOM 유료 서비스를 사용하거나 ZOOM 측에서 해당 서비스를 무료로 제공하는 기간도 있어서 공동 호스트를 자연스럽게 지정할 수 있었다. 우리 쪽에서 준비하는 과정에서 가장 기본적인 부분을 놓치고 만 것이다.

이미 예상 참가자 중에서 3분의 1 정도가 들어와 있는 상황이라 빠르게 해결책을 찾아야만 했다. 고민 끝에 서둘러 유료 결제를 한 뒤, 접속해 있는 참가자들에게 양해를 구했다.

"선생님들, 이른 시간인데도 열정적으로 접속해 주셔서 감사합니다. 저희가 원활한 진행을 위해서 재접속을 해야 하는 상황이 발생하였습니다. 번거로우시겠지만 해당 회의 종료 후, 약 3분 뒤에 재접속을 부탁드려도 될까요?"

다행히 해당 내용에 대해 참가자들은 흔쾌히 잘 따라주었고 재접속 후 설정을 확인한 뒤 테이블 퍼실리테이터들의 공동 호스트 지정을 무사히 완료하였다.

지금 생각해도 아찔한 순간이 아닐 수 없다. (이때의 실수를 되풀이하지 않기 위해, 지금은 무조건 테이블 퍼실리테이터 분들과 모의 연습을 더 철저히 진행하고 있다.)

30분 정도 다른 참가자들을 기다리면서 기존에 진행하지 못했던 사전 오리엔테이션도 짧게나마 진행하며 무사히 약속된 시간에 시작할 수 있었다. 열정적인 참석자들이 많아서 조별 토의도 무난히 진행되었는데 약간의 문제점들은 계속 발견되었다. 소회의실 회의가 끝나면 다 함께 모이게 되는 대회의장으로 자동으로 이동하게 되어 있지만 전체회의 종료버튼을 눌러서 회의 자체를 종료하거나, 주말 시간을 이용하다 보니 개인 사정으로 인하여 중간 이탈자들도 생겼다. 또한 중, 고등학생들이 모여 있는 조에서는 본인의 얼굴은 보여주지 않거나 회의에 집중하지 못하는 모습도 보이고 이야기를 주로 하는 친구들이 정해진 조도 있었다.

현장에서 진행할 때는 즉각적인 분위기 전환을 시도하거나 적절한 피드백이 가능했지만, 온라인에서 진행하다 보니 해당 내용은 진행하기가 힘들다. 그럴 때는 주 진행자와 운영진들이 각 소회의실을 돌아다니며 테이블 담당에게 다른 조들의 상황도 알려주고 너무 억지로 끌고 가지 말도록 상기시키기도 한다. 다만 이 자리에 참석한다는 것은 '○○시의 대표 주자로서 ○○시가 아동친화 도시가 되기 위한, 귀한 첫걸음을 함께하는 중요한 일'임을 다시금 인식시키는 작업도 함께 이루어졌다.

2시간 가까이 진행된 온라인 워크숍을 통해 '교육환경, 안전과 보호, 놀이와 여가'의 3가지 분야에 대한 총 10가지 사업 의제가 도출되었다. 다양한 연령, 다양한 직업, 다양한 분야에서 모인 약 60여 명의 시민이 모여 ○○시의 아동 정책 실현을 위해 귀한 의견을 모을 수 있었던 소중한 시간이었다. 또한 아동들이 바라고 원하는 점과 어른들이 아동들을 생각하고 고민하는 점에서 차이가 있음을 서로 느끼고 인정할 수 있었던, 더없이 귀한 시간도 되었다. 아직도 마무리 단락의 소감 발표 시간에 한 청소년 시설에서 일하시는 선생님의 말씀이 생각난다.

"저희가 오늘 이렇게 모여서 ○○시의 아동들을 위해 한 목소리를 낼 수 있다는 것은 정말 의미 있는 일일 것입니다. 하지만, ○○시의 아동들이 진정 원하는 것이 ○○시가 아동친화 도시가 되는 것인지는 다시 한 번 고민해 봐야 한다고 생각합니다. 어른들의 시각에서, 어른들의 관점에서 준비하여 진행하고 있다는 것도 사실이기 때문에, 이럴 때일수록 더욱 아동들의 목소리에 귀를 기울이는 세심한 작업도 함께 이루어져야 할 것입니다."

이런 이야기를 듣는 모두는 잠시 숙연해질 수밖에 없었다. 아동을 위한 자리를 마련하였지만 정작 중요한 사안에 대해서는 아동들의 이야기를 놓치고 있었던 것이다. 해당 내용에 대해서는 ○○시 관계자가 마무리 발언을 통해 재발 방지를 약속하고 지속해서 아동들의 이야기를 들을 수 있는 기회를 마련할 것을 약속하였다.

수많은 변수와 여러 우여곡절이 있었으나 진행자와 참석자 모두에게 큰 울림을 남기며 '○○시 온라인 시민 대토론회'는 그렇게 마무리되었다.

온라인 대토론회 기념사진

워드 아트로 공유한 참여 소감

디자인씽킹
프로그램 소개

프로그램의 종류

↓

디자인씽킹은 다음과 같은 철학으로부터 출발하였다.

첫째, 인간 본위의 문제해결 방법론이다. 사용자를 통계적인 집단으로 보는 것이 아니라 개개인 특성을 존중하여 해결한다.

둘째, 창의적이고 직관적이다. 논리적인 부분과 더불어 창의적 직관인 부분을 함께 융합한다.

셋째, 빠른 실패와 그로부터의 학습을 중시한다. 완벽한 해결을 위하기보다 수많은 도전을 통해서 교훈을 얻고 해결책을 만들어 간다.

따라서 이 모든 철학을 바탕으로 디자인씽킹의 단계별 장점은 아래와 같다.

- **공감**EMPATHIZE : 사용자의 경험 중심으로 모든 것을 바라보는 습관이 생긴다.
- **정의**DEFINE : 정말 가치VALUES 있는 문제를 찾을 수 있는 역량이 늘어난다.
- **아이디어**IDEATE : 동료들과의 협업을 통해 많은 양QUANTITY을 찾아낼 수 있다.
- **시제품**PROTOTYPE : 성공보다는 빠른 속도SPEED를 즐길 수 있다.
- **실행하기**TEST : 실패의 두려움보다 조언FEEDBACK을 수용하는 데 과감해진다.

이 책에서는 디자인씽킹을 연구하고 분석한 결과 총 8가지의 콘텐츠로 세분화했다.

- **디자인씽킹 입문 과정** : 디자인씽킹의 철학과 프로세스를 이해하는 프로그램
- **디자인씽킹 심화과정** : 회사의 서비스에 적용하여 실행안을 도출하는 프로그램
- **비전 디자인 과정** : 구성원이 조직의 비전과 핵심 가치를 알아가고 정립하는 프로그램

- **창의적 문제해결 과정** : 창의적 문제해결 프로세스를 습득하고 적용하는 프로그램
- **디자인씽킹 퍼실리테이터 과정** : 디자인씽킹의 촉진자 역할과 자세를 연구하는 프로그램
- **고객 만족 디자인씽킹 과정** : 사용자 중심의 서비스 만족을 재고하는 프로그램
- **힐링 디자인씽킹 과정** : 개개인의 특성에 맞춘 체험형 리프레시 프로그램
- **디자인씽킹 리더십 과정** : 디자인씽킹의 인사이트를 통해 리더십을 함양하는 프로그램

디자인씽킹 입문 과정

↓

　어렵고 복잡하다고 생각하는 디자인씽킹을 쉽게 이해하기 위한 프로그램이다. 디자인씽킹의 정의, 철학, 프로세스 등을 익힘으로 아래와 같은 효과를 기대할 수 있다.

　첫째, 호기심에 따라 관점을 달리할 수 있다. 사람은 누구나 호기심이 많고 열린 마음을 지니고 있기에 이를 활용해야 한다.

　둘째, 사람이 중심임을 알아간다. 사람에 집중하고, 서로의 공감대를 형성하고, 서로의 관심을 기울일 수 있어야 한다.

　셋째, 불확실성에 대해 해결책을 탐구할 수 있다. 반복된 작업을 즐기며, 이를 통해 복잡한 시스템의 핵심을 받아들일 수 있어야 한다.

넷째, 가시적인 결과물을 만드는 데 집중할 수 있다. 사용자에게 더욱더 명확하게 가치를 제안하고, 이를 위해 시각화해야 한다.

다섯째, 실패에 대한 두려움 없이 반복을 즐길 수 있다. 반복해서 테스트하며, 과정을 통해 학습하고 문제를 해결해야 한다.

Module	세부 내용
디자인씽킹 들어가기	디자인씽킹(Design Thinking)의 이해 • 비즈니스 전략의 개념과 중요성 • 디자인씽킹이란 무엇인가? 디자인씽킹의 3대 요소 • 디자인씽킹의 특징 및 디자인씽킹과 로지컬 씽킹 & BMC 디자인씽킹(Design Thinking) 사례 • 디자인씽킹 방법론 및 디자인씽킹 적용 비즈니스 디자인 사례 디자인씽킹(Design Thinking)의 적용을 통한 실무 기획력 jump up • Tool-kits을 활용한 디자인씽킹 방법론 실습
디자인씽킹 프로세스	디자인씽킹(Design Thinking) 프로세스 • 1단계 : 공감하기(EMPATHIZE) • 2단계 : 정의하기(DEFINE) • 3단계 : 아이디어(IDEATE) • 4단계 : 시제품 만들기(PROTOTYPE) • 5단계 : 실행하기(TEST)

디자인씽킹 심화 과정

조직의 더 나은 해결책을 적용하기 위한 프로그램이다. 디자인씽킹의 방법과 Tool을 익힘으로써 아래와 같은 효과를 기대할 수 있다.

첫째, 다양한 사고방식을 활용한다. 상황에 맞는 분석과 접근법을 통해 많은 방법을 생각해야 한다.

둘째, 조직의 역량을 지속해서 확장할 수 있다. 구성원 모두 함께 생각하고, 성장하여 시장의 기회를 창출해야 한다.

셋째, 협력에 대한 중요성을 형성할 수 있다. 시장 상황에 민첩하게 대응하며, 이를 위해 네트워크를 형성해야 한다.

넷째, 결과보다 프로세스를 개선하는 능력이 향상된다. 목표에 맞춰 움직이기보다는 프로세스를 바꾸기 위해 이해하는 능력을 키워야 한다.

다섯째, 과정을 되돌아볼 수 있는 기회를 찾을 수 있다. 내가 하는 일에 대한 방식과 행동, 태도를 피드백 받을 수 있어야 한다.

Module	세부 내용
디자인씽킹 프로세스	디자인씽킹(Design Thinking)의 이해 • 비즈니스 전략의 개념과 중요성 • 디자인씽킹이란 무엇인가? 디자인씽킹의 3대 요소 • 디자인씽킹의 특징 및 디자인씽킹과 로지컬 씽킹 & BMC 디자인씽킹(Design Thinking)프로세스 • 1단계 : 공감하기(EMPATHIZE) • 2단계 : 정의하기(DEFINE) • 3단계 : 아이디어(IDEATE) • 4단계 : 시제품 만들기(PROTOTYPE) • 5단계 : 실행하기(TEST)
디자인씽킹 적용하기	디자인씽킹(Design Thinking) 적용하기 • 사용자 중심의 공감하기 : 고객의 언어 이해 & 고객의 세계 경험하기 • 페르소나 만들기 : 이름/해결과제/이득/고충/활용사례 • 아이디어 발산하기 : 브레인스토밍/SCAMPER/커뮤니케이션시트 활용 • 프로토타입 제작 : BOXING & SHELFING / 워크숍 진행하기 • 시연하기 : 피드백 캡쳐 그리드 / AB테스트 수행하기

비전 디자인 과정

↓

　조직과 개인의 핵심 가치와 비전을 알고 이를 정립하기 위한 프로그램이다. 비전을 스스로 디자인해 보면서 핵심 가치 내재화 작업을 수행할 수 있다.

　비전이란 개인이나 조직이 달성할 수 있는 장기적 미래 목표라 할 수 있다. 이는 결국 10~30년 안에 이루어야 할 대상이다. 이 비전을 달성하기 위해 각각의 미션이 정해지게 되며, 이 미션을 지키기위한 많은 행동양식을 정해 주는 것이 핵심가치다.

　대부분의 조직들은 비전-미션-핵심가치에 대해 피라미드형식으로 정리해 놓는다. 다만, 개인은 이 눈에 보이지 않는 비전에 대해서 중요하게 생각하지 않는다. 이 과정은 개인과 조직의 비전을 일원화 하고 가속화 하는 데 도움을 준다. 나아가 개인과 조직이 지속성장을 가능하게 하는 출발점이 된다.

Module	세부 내용
나와 인생 디자인하기	Ice Breaking • 내 인생에 가장 기억에 남는 일 　- 인생 4분면 디자인 하기 • 주도적인 삶을 향하여 　- 지난 1년 간의 상황, 감정 그래프 곡선 공유 • 삶의 주도성에 따른 만족도 • 인생의 5가지 자원
G.W.P & 핵심가치 내재화	• G.W.P의 개념과 사례 　- G.W.P 개념과 중요성 　- Fast Company 선정 50대 기업 사례 분석 • 핵심가치 중심의 직장인 　- 비전. 미션, 핵심가치 피라미드 이해하기 　- 우리 회사의 핵심가치는? 　- 회사와 개인의 핵심가치 연결하기
나와 회사의 비전을 디자인하자	• Vision Light 소개 　- Vision Light 소개 및 의미 부여 　- 비전의 시각화 중요성 • Vision Light 제작 　- 개인별 비전 또는 핵심가치 도안 디자인 　- Vision Light에 스케치한 디자인 옮기기 　- 전동펜으로 Vision Light작업 　- 조별로 자신의 Vision Light 공유하기

창의적 문제해결 과정

↓

창의적 문제해결 프로세스를 습득하고 적용하는 프로그램이다. 문제해결을 하기 위해서는 기존의 틀을 탈피하고 해당 문제에 대한 정확한 분석과 새로운 시각이 필요하다. 그리고 이를 해결하기 위한 아이디어를 개발하는 데 힘써야 한다.

문제라고 해서 모두 같은 것은 아니다. 시간에 따라, 공간에 따라, 사람에 따라 같은 문제도 시발점이 다를 수 있으며 유형 자체가 달라지는 경우도 있다. 즉 우리가 알고 있는 '문제'라는 정의에 대한 출발점부터 달라야 한다.

따라서 문제해결 능력을 키우기 위해서는 뇌 근육을 훈련하고 키워야 한다. 실제 접할 수 있는 다양한 문제를 대상으로 체계적으로 학습해야 한다. 이 과정은 여러 문제해결 도구들을 이용하여 프로세스 중심적 방법을 통해 실제 사례를 해결해 나가는 경험을 할 수 있게 된다.

Module	세부 내용
사고 전환을 위한 디자인씽킹	디자인씽킹(Design Thinking)의 이해 • 비즈니스 전략의 개념과 중요성 • 디자인씽킹이란 무엇인가? 디자인씽킹의 3대 요소 • 디자인씽킹의 특징 및 디자인씽킹과 로지컬 씽킹 & BMC 디자인씽킹(Design Thinking) 사례 • 디자인씽킹 방법론 및 디자인씽킹 적용 비즈니스 디자인 사례 디자인씽킹(Design Thinking)의 적용을 통한 실무 기획력 jump up • Tool-kits을 활용한 디자인씽킹 방법론 실습
실행 계획 수립하기	창의적 문제해결 기법과 실습 • MECE 구조의 이해 : Mutually Exclusive Collectively Exhaustive - Logic Tree, Fish Bone, Mind Map의 실습 • Scamper의 발상 : 체크리스트 기법의 활용 • 아이디어 열거법 : 특성 열거법, 결점 열거법, 희망 열거법, 준거 평정법 • Matrix 기법 : PEST 분석, SWOT 분석, Positioning 외 • [문제해결 실습] 나의 업무와 관련한 문제해결 실행 계획 설계

디자인씽킹 퍼실리테이터 과정

↓

　디자인씽킹의 촉진자 역할과 자세를 연구하여 현장 적용이 가능한 퍼실리테이터로 거듭나기 위한 프로그램이다. 앞서 제시한 디자인씽킹의 5가지 장점인 '공감, 정의, 아이디어, 시제품, 실행하기'를 체득하기 위한 다양한 스킬을 학습하고 체험하여 아래와 같은 효과를 기대할 수 있다.

　첫째, 퍼실리테이터가 갖추어야 하는 가장 중요한 '기본 철학'의 기초를 완성할 수 있다. 철학이 있어야 다양한 스킬도 적재적소에 다룰 수 있다.

　둘째, 현장에서 바로 적용 가능한 스킬을 습득할 수 있다. 너무 많은 도구와 스킬보다는 대상과 현장에 맞는 도구와 스킬을 습득하고 즉시 활용할 수 있도록 돕는다.

셋째, 생생한 현장 사례 학습이 가능하다. 다양한 현장에서 일어날 수 있는 수많은 변수를 미리 학습하고 대비할 수 있도록 도와준다.

Module	세부 내용
디자인씽킹 기본알기	디자인씽킹(Design Thinking)기본알기 • 사용자 중심의 공감하기 : 고객의 언어 이해 & 고객의 세계 경험하기 • 페르소나 만들기 : 이름 / 해결과제 / 이득/ 고충 / 활용사례 • 아이디어 발산하기 : 브레인스토밍 / SCAMPER / 커뮤니케이션 시트 활용 • 프로토타입 제작 : BOXING & SHELFING / 워크숍 진행하기 • 시연하기 : 피드백 캡처 그리드 / AB테스트 수행하기
퍼실리테이션 활용하기	자발적 회의의 필요성 알기 & 발언에 대한 공포 진단하기 전체 회의 흐름 알기 • 논의 시작 → 사고 확산 → 사고 수렴 → 의사 결정 논의하기 • 주제에 대해 4가지 질문(Definition, Value, Difficulty, Method) 으로 나누어 토의하기 • 정의하기, 중요한 이유 찾기, 어려운 점 찾기, 개선점 찾기 • 토의 방법 학습하기 : 브레인스토밍, 브레인라이팅 방법 연습 의사 결정하기 • 갤러리 워크를 통한 보태기와 공감하기& 내용 공유하기

고객 만족 디자인씽킹 과정

　서비스 현장에 고객 중심의 좋은 경험을 확대하기 위해 디자인씽킹을 적용하여 사용자 중심의 서비스 만족을 재고하는 프로그램이다. 이 과정을 통해 아래와 같은 효과를 기대할 수 있다.

　첫째, 다양한 변수가 존재하는 서비스 현장을 객관적으로 바라볼 수 있다. 고객이 어느 부분에서 만족과 불만족을 느끼는지를 파악하고 즉각적인 개선이 가능하다.

　둘째, 고객 자신도 모르는 진짜 니즈를 발견할 수 있다. 서비스 현장의 관찰과 분석을 통하여 진짜 고객이 원하는 바를 발견할 수 있다.

　셋째, 사용자와 현장에 맞는 해결책을 찾아 적용할 수 있도록 돕는다. 너무 이상적이거나 위험부담이 큰 해결책이 아닌, 현장에 바로 적용할 수 있는 해결책을 제시한다.

Module	세부 내용
서비스 분석	사회적 트렌드 읽기 서비스 트렌드는? 트렌드가 서비스 미치는 영향 트렌드 맞춤 서비스 만들기 • 고객 공감지도 만들기 M.O.T 분석 • M.O.T 중요성 및 관리 방법 최고의 M.O.T 분석가 되기!
고객만족 디자인 하기	고객만족 페르소나 디자인 하기 • 1단계 : 사용자를 찾고 공감하기 • 2단계 : 고객만족의 가설을 세우고 검증하기 • 3단계 : 패턴을 찾고 페르소나 디자인 하기 • 4단계 : 상황을 정의하고 페르소나 검증하기 • 5단계 : 정보 전파를 위해 시나리오 만들기

힐링 디자인씽킹 과정

↓

　개개인의 특성에 맞춘 체험형 리프레쉬 프로그램이다. 디자인 씽킹 프로세스를 적용한 미술심리 활동을 통해 내면 속 자아를 이해하고 인정하는 것으로 아래와 같은 효과를 기대할 수 있다.

　첫째, 평소에 몰랐던 자신을 발견할 수 있다. 사람은 보이지 않는 '나'를 발견하면서부터 진심으로 자신을 공감할 수 있게 된다.

　둘째, 나의 강·약점의 변화를 통해 성장할 수 있다. 스스로 생각하는 강점과 약점은 유동적이다. 약점 리스트 중에서 강점으로 전환할 수 있는 항목을 찾을 수 있는 능력을 키워야 한다.

　셋째, 나의 기본 감정을 탐색할 수 있다. 내가 자주 사용하는 감정에서 부정적인 감정을 긍정적 감정으로 전환하여 사용할 수 있게 된다.

넷째, 진정한 변화의 시작이 된다. 자기의 마음을 돌아보고 객관적인 자기 모습을 알아갈 수 있게 된다.

Module	세부 내용
스스로를 살펴보고 이해하기	나, 이런 사람이야! • 내가 알고 있는 '나' 나타내기 내면 자아 살펴보기 '나'의 기본감정 탐색하기 나의 강점, 약점 어항 만들기 • 약점 리스트 중 강점으로 전환할 수 있는 것 찾아보기 • 효과적인 에너지 분배 - 내가 할 수 있는 것에 집중하기

힐링 디자인 하기	힐링 로드맵 정리하기
	• 과거의 사건이 현재의 '나'에게 미친 영향
	• 현재부터 미래 모습 계획하여 그려보기
	• 인생 로드맵 시각화 중요성
	  - 사람이 목표를 만들고, 목표가 사람을 이끈다
	• 개인 힐링 디자인 하기
	  - 1단계 : 그래픽 미래 히스토리 그리기
	  - 2단계 : 환경 Map 표현하기
	  - 3단계 : 개인 커버스토리 제작
	  - 4단계 : 힐링 그래픽 수행 계획 수립 & 공유

디자인씽킹 리더십 과정

디자인씽킹의 인사이트를 통해 리더십을 함양하는 프로그램이다. 현업 문제해결 능력 및 활용 방법을 체득하여 아래와 같은 효과를 기대할 수 있다.

첫째, 조직의 고성과 창출을 유도할 수 있다. 다채로운 활동을 통한 창의력을 현업에 적용하여 활용도를 극대화 할 수 있는 방법을 생각해야 한다.

둘째, 미래지향형 리더십을 함양한다. 리더로서 조직의 발전을 주도하는 비전을 제시할 수 있는 역량을 체득해야 한다.

셋째, 통찰력을 강화할 수 있다. 변화하는 경영환경에 적절히 대응할 수 있는 바람직한 리더의 모습을 도출할 수 있어야 한다.

넷째, 체계적인 프로세스를 통해 안정적인 솔루션을 도출할 수 있다. 컨설팅의 노하우를 기반으로 리더로서 피드백을 할 수 있어야 한다.

다섯째, 조직의 목표 및 성과를 관리할 수 있는 역량을 강화할 수 있다. 잠재되어 있는 창조성을 지속적으로 발견할 수 있는 능력을 키워야 한다.

Module	세부 내용
Leadership Paradigm	**자기인식과 리더십** • 객관적 자기 알기 : 주체와 객체로서의 자기 알기 **변화하는 리더의 3가지 요인과 사례 학습** • 개선될 수 있다고 생각하는 리더 • 스스로 원인이 되었다고 생각하는 리더 • 표준이 원인이 되었다고 생각하는 리더 **대립되는 가치의 해결** • 어느 것이 더 좋은 결과를 내는가? • 어느 것이 더 상위 정체성을 가지는가?
디자인씽킹 Leadership	**디자인씽킹의 리더십 역할** • 트렌드 분석 / 방향성 정립 / 소프트 스킬의 힘 **디자인씽킹 리더의 4가지 스킬** • 관심 유도하기 (Focusing Awareness) • 참여 지원하기 (Supporting Engagement) • 통찰력으로 명확화 하기 (Clarifying Insights) • 주도권 구축하기 (Building Ownership)

참고도서

『소비자행동(마케팅 전략적 접근)』 이학식, 안광호, 하영원, 집현재, 2021

『소비자행동론(9판)』 Michael R. Solomon, 경문사, 2011

『마케팅원론』 안광호, 학현사, 2018

『소비자행동론 5』 이선희, 아이파경영아카데미

『핵심정리 마케팅관리론』 이인호, 새흐름, 2022

문제 해결의 지름길을 찾는 5단계
디자인씽킹 스킬

지은이 장수연, 이지윤, 김지연
발행일 2022년 10월 20일
펴낸이 양근모
펴낸곳 도서출판 청년정신
출판등록 1997년 12월 26일 제 10-1531호
주 소 경기도 파주시 문발로 115 세종출판벤처타운 408호
전 화 031) 955-4923 팩스 031) 624-6928
이메일 pricker@empas.com

ISBN 979-89-5861-226-1 13320

- 이 책은 저작권법에 의해 보호를 받는 저작물입니다.
- 이 책의 내용의 전부 또는 일부를 이용하시려면 반드시 저작권자와 도서출판 청년정신의 서면동의를 받아야 합니다.